José Micaelson Lacerda Morais

Sobre a validade da
LUTA DE CLASSES
como categoria de análise econômica

Copyright © José Micaelson Lacerda Morais, 2021

Diagramação

José Micaelson Lacerda Morais

Sobre a validade da LUTA DE CLASSES como categoria de análise econômica / José Micaelson Lacerda Morais. Crato-CE: *Independently Published*, 2021.

1. Economia política 2. Luta de classes 3. Karl Marx 4. Capitalismo.

ADVERTÊNCIA AO LEITOR

Este livro constitui um de três ensaios produzidos, entre os anos de 2020 e 2021, e publicados posteriormente em conjunto com o título de "Renda, Lutas de Classes e Revolução".

Para meu ex-professor,
Sempre professor,
Amigo e colega de Departamento,
Ronald de Figueiredo e Albuquerque.

Sumário

1. Introdução 11
2. A luta de classes como chave do processo histórico 19
   2.1. As lutas de classes na história econômica do capitalismo 27
   2.2. O viés Schumpeteriano 39
3. Lutas de classes e capitalismo 47
4. Capitalismo com dominância financeira, novas tecnologias de informação e lutas de classes 55
5. O mito do desenvolvimento econômico capitalista 67
6. É possível superar a contradição entre antissocial e associal no ser social? 71
APÊNDICE 87
7. Referências 107

[...] na produção social da própria existência, os homens entram em relações determinadas, necessárias, independentes de sua vontade; essas relações de produção correspondem a um grau determinado de desenvolvimento de suas forças produtivas materiais. A totalidade dessas relações de produção constitui a estrutura econômica da sociedade, a base real sobre a qual se eleva uma superestrutura jurídica e política e à qual correspondem formas sociais determinadas de consciência. O modo de produção da vida material condiciona o processo de vida social, política e intelectual. Não é a consciência dos homens que determina o seu ser; ao contrário, é o seu ser social que determina sua consciência [...]
Karl Marx. Contribuição à crítica da economia política.

Toda revolução efetiva é social, na medida em que alça uma nova classe ao poder e lhe permite remodelar a sociedade à sua feição.
Marx e Engels. Luta de classes na Rússia.

1. Introdução

Este livro nasceu como resultado de questões tratadas em dois outros ensaios intitulados respectivamente de "A última revolução: crítica de economia política" e "O problema da renda em Smith, Ricardo e Marx". Em a "última revolução" tratamos do dilema razão/humanização e mostramos como o uso da razão, ao longo da história, principalmente a razão econômica, promoveu um processo civilizatório para poucos. Os problemas relacionados as fontes de renda (e a forma de sua distribuição) e os relacionados as desigualdades (exploração e expropriação do trabalho social) nos encaminharam, então, para tratar as lutas de classes como uma categoria de análise econômica. Isso porque somente a partir desta categoria torna-se possível entender o conjunto das mediações multifacetadas presentes no dilema razão/humanização ou na contradição aparente entre o que pretende as teorias de desenvolvimento e o real desenvolvimento desigual e combinado do capitalismo, enquanto forma de sociabilidade/civilidade real existente. Nesse sentido, para nós as lutas de classes apresentam-se tanto como categoria de análise econômica, relevante para entender a dinâmica capitalista, quanto como instrumento político para transformação das relações sociais existentes em novas relações sociais, livres de processos de exploração e de expropriação entre sujeitos sociais.

Em 2013, Domenico Losurdo, publicou um livro intitulado "A luta de classes: uma história política e filosófica", traduzido no Brasil, em 2015. O referido autor destacou na introdução de sua obra o "retorno da luta de classes" como pauta do debate crítico contemporâneo. Para ele um conjunto de fenômenos, sintetizados na acentuação da crise da economia capitalista e no processo de polarização social dela derivado, autorizam colocar o tema luta de classes na pauta do pensamento contemporâneo. Para analisar a importância da categoria luta de classes no mundo contemporâneo ele se impôs a grande tarefa de realizar uma releitura da teoria da luta de classes tanto no plano teórico quanto no plano histórico. Portanto, a sua obra é de longo alcance, um livro de muito fôlego, no qual desenvolve três aspectos da teoria: o seu significado; as mudanças; e as oscilações, pela qual passou o tema desde Marx até o presente.

Para nós a luta de classes apresenta-se em duas dimensões, como uma teoria (as lutas de classes) e como uma categoria de análise (a luta de classe). Como teoria ela perpassa toda a obra de Marx. Como categoria, destacamos aqui a perspectiva econômica, presente no livro I de "O Capital", mais precisamente, a partir de seu capítulo 8, "A jornada de trabalho" (embora, já a partir do capítulo 4, "A transformação do dinheiro em capital", já seja possível perceber uma certa transformação "na fisionomia de nossas *dramatis personae*": "O antigo possuidor de dinheiro se apresenta agora como capitalista, e o possuidor de força de trabalho, como seu trabalhador"). As duas dimensões se reforçam mutuamente. Pois, a análise da categoria no tempo histórico exige uma teoria para sua realização; seja tal teoria formalizada anteriormente ou construída ao mesmo tempo em que se dá a análise da categoria, como parece ter ocorrido no caso de Marx.

A categoria luta de classes quer queira ou não está presente em todo pensamento econômico. De forma implícita podemos percebê-la nos mercantilistas, nos fisiocratas e nos clássicos. Isso porque a luta de classes surge necessariamente quando qualquer forma de sociedade produz um excedente. Logo, a existência de um excedente produz necessariamente um processo de disputa em torno da sua repartição. Mas, somente em Marx a luta de classes apresenta-se como categoria formalizada.

Como bem destacou Losurdo (2015), as lutas de classes em seu sentido mais amplo devem ser entendidas como "uma chave de leitura do processo histórico", tendo como protagonistas "sujeitos sociais". Apresenta-se, assim, como uma teoria geral do "conflito social" em torno da partição do excedente. Ela apresenta-se, ainda, como uma unidade que comporta uma combinação de diversidades do real relacionadas aos diferentes aspectos do tempo histórico. Nesse aspecto, assume diferentes conotações específicas, tais como:

> [...] a luta de classes que tem como protagonistas os povos coloniais ou semicoloniais ou de origem colonial; a luta travada pela classe operária nas metrópoles capitalistas (na qual se concentra a reflexão de Marx e Engels); a luta das mulheres contra a 'escravidão doméstica'. Cada uma dessas três luta põe em discussão a divisão do trabalho vigente em âmbito internacional, nacional e familiar [...] (LOSURDO, 2015, p. 65).

Os elementos de uma teoria das lutas de classes envolvem: 1) a identificação das classes em disputa; 2) o objeto em torno do qual gira a disputa; 3) os instrumentos utilizados (legais ou violentos ou ambos); e 4) mediações históricas de âmbito interno e externo ao fenômeno. Estas últimas podem indicar a amplitude e a intensidade das lutas de classes, bem como o seu caráter espacial (regional, nacional ou mundial).

Podemos encontrar uma expressão mais geral da teoria das lutas de classes já no "Manifesto Comunista", quando seus autores declaram que "a história de todas as sociedades até hoje existentes é a história da luta de classes" (MARX e ENGELS, 2010a, p. 40). Destarte, a luta de classes está na base de toda e qualquer sociedade, deriva-se da sua estrutura econômica, ou seja, está inscrita nas relações sociais de produção.

De forma específica, a categoria luta de classes mostrou todo o seu vigor nas análises histórico-política da França, Alemanha, Rússia e Inglaterra, realizadas por Marx e Engels. Este último autor, em 1895, no prefácio da nova edição de "A luta de classes na França", publicado em forma de artigos, em 1850, destacou a importância do método materialista no contexto da luta de classes:

> [...] o método materialista com muita frequência terá de se restringir a derivar os conflitos políticos de embates de interesses das classes sociais e frações de classes resultantes do desenvolvimento econômico, as quais podem ser encontradas na realidade, e a provar que os partidos políticos individuais são a expressão política mais ou menos adequada dessas mesmas classes e frações de classes. (Engels, 2012, l. 97-101).

O estabelecimento da luta de classes como categoria de análise dos processos econômicos revelou toda sua força no estudo realizado por Marx sobre a dinâmica de movimento da totalidade social do capitalismo inglês do século XIX. Como categoria que permite a apreensão de uma totalidade, não considerar a sua validade como instrumento de análise, certamente implicará no estabelecimento de um precário conhecimento acerca do Estado, da política, dos partidos e das relações políticas estabelecidas, para dar vazão aos processos econômicos.

A luta de classes é a analogia mais poderosa para explicação dos fenômenos sociais que um pensador social já elaborou. É o mais próximo da explicação dos desdobramentos sociais em seu caráter real. A partir dela podemos estabelecer um termo de comparação entre os processos naturais e os processos sociais. Na natureza a luta pela própria existência, uma luta mortal, cruel, sanguinária, para preservação e continuação da própria vida. Na sociedade a luta em torno da distribuição do excedente, uma luta que envolve também ganhadores e perdedores, seleção dos mais fortes, a partir da expropriação e da exploração, polarização social e exclusão de indivíduos da sociabilidade/civilidade humanas. Enfim, toda sorte de crueldade que vislumbramos na própria natureza, inclusive com requintes muito sofisticados, pois o motivo da exploração do homem pelo homem é de todo vil, dado que diferentemente da natureza somos seres racionais.

Todavia, a luta de classes se tornou um conjunto de palavras proscrita. Virou palavreado de baderneiros, de vândalos, não ultrapassando a barreira de uma barricada. Enfim, uma desordem que acontece na rua promovida por revoltados contra o sistema, mas que não apresenta maiores repercussões. Pois, como se trata somente de quebra-quebra, pode ser contido adequadamente com força policial à altura. Então, dessa forma, a luta de classes passou a ser considerada uma simples luta de rua e/ou algo sem maior importância prática e teórica. Mas, isso é tão somente uma forma depreciativa de se referir a uma categoria de análise tão poderosa como a luta de classes, de encobrir a sua importância analítica. Exatamente por ser tão poderosa ela precisou ser demonizada. Mas, o capitalismo fez muito mais do que somente demonizar a luta de classes, ele a subsumiu em seu próprio cotidiano, através do processo de autonomização da acumulação de capital.

Como se pode explicar a história recente do Brasil sem recorrer a tal categoria. O que foi a eleição de Lula, em 2002? O que foi a demonização de Lula e do PT após seu segundo mandato? O que foi o processo de *Impeachment* de seu sucessor, a presidente Dilma Rousseff? O que foi a eleição de Bolsonaro, em 2018? Como explicar esses acontecimentos históricos sem recorrer a categoria luta de classes? O que tem em comum além de serem acontecimentos relacionados as lutas de classes é que todo movimento gira em torno da disputa pelo excedente econômico. O seu caráter é por natureza econômico e a repartição do excedente somente ocorre a partir da disputa política. Esse é o caráter da luta de classes, enquanto houver disputa pela partição do excedente econômico haverá luta de classes e, assim, esta continuará uma categoria de análise extremamente válida e poderosa.

2. A luta de classes como chave do processo histórico

As lutas de classes estão inscritas no materialismo histórico. Neste, a concepção da história reside no desenvolvimento do processo real de produção material da vida imediata e das formas de intercâmbio a ele associadas e por ele engendradas. Portanto, o fundamento da história assenta-se nos diferentes estágios pelos quais passa a sociedade civil no "suceder-se de gerações distintas", até a "história transformar-se em história mundial" (MARX e ENGELS, 2007, p. 40). Dois poderes que são estranhos aos "indivíduos singulares", passam a se apresentar como comandantes dos seus destinos, devido ao poder social neles contidos, poder edificado a partir de uma ação "plenamente material". Em nível nacional, o *Estado*, em nível mundial, o *mercado mundial*. Todavia, esses poderes apesar de autônomos não são independentes. A configuração e a amplitude de suas respectivas forças dependem do estágio de desenvolvimento do capital, determinante, em última instância, do poder social no modo de produção capitalista.

O materialismo histórico trata dos aspectos da atividade humana como atos históricos de duas formas a saber: "o *trabalho* dos homens *sobre a natureza*"; e "o *trabalho dos homens* sobre *os homens*" (MARX e ENGELS, 2007, p. 39). Portanto, os homens, na produção de sua própria vida material, sempre encontram "[...] diante de si uma natureza histórica e uma história natural [...]" (MARX e ENGELS, 2007, p. 31). Em suma, como formulada por Engels:

> A concepção materialista da história parte da tese de que a produção, e com ela a troca dos produtos, é a base de toda a ordem social; de que em todas as sociedades que desfilaram pela história, a distribuição dos produtos, e juntamente com ela a divisão social dos homens em classes ou camadas, é determinada pelo que a sociedade produz e como produz e pelo modo de trocar os seus produtos. De conformidade com isso, as causas profundas de todas as transformações sociais e de todas as revoluções políticas não devem ser procuradas nas cabeças dos homens nem na idéia que eles façam da verdade eterna ou da eterna justiça, mas nas transformações operadas no modo de produção e de troca [...] (ENGELS, 2005, p. 69).

Assim, as lutas de classes apresentam-se como resultado dos pressupostos da existência humana e, por consequência, de toda a história. Esses pressupostos, "três 'momentos' que coexistiram desde os primórdios da história e desde os primeiros homens", podem ser assim resumidos:

> 1) "[...] os homens têm de estar em condições de viver para 'fazer história' [...] a produção da própria vida material [...] condição fundamental de toda história [...]";
> 2) "[...] a satisfação dessa primeira necessidade, a ação de satisfazê-la e o instrumento de satisfação já adquirido conduzem a novas necessidades [...]"; e
> 3) "[...] os homens, que renovam diariamente sua própria vida, começam a criar outros homens, a procriar [...] a família [...] de início a única relação social, torna-se mais tarde, quando as necessidades aumentadas [...] novas relações sociais [...]" (MARX e ENGELS, 2007, p. 33).

Portanto, com a produção surge a produtividade, com novas necessidades e o aumento da produção, desenvolve-se a divisão do trabalho. Esta origina-se do ato sexual e, "[...] só se torna realmente divisão a partir do momento em que surge uma divisão entre trabalho material e [trabalho] espiritual [...]" (MARX e ENGELS, 2007, p. 35). A consciência, como ato de entendimento individual e dos vínculos sociais experimentados, o trabalho espiritual, é, assim, também, um produto social. A primeira forma de contradição humana apresenta-se posta quando relacionamos "a força de produção", "o estado social" e "a consciência", ou seja, a separação entre atividade material e atividade espiritual. A segunda contradição, derivada da primeira e sua constituinte, base das lutas de classes, relaciona-se ao embate entre interesse particular e interesse coletivo, sobre as classes já condicionadas pela divisão do trabalho: "[...] toda classe que almeje à dominação [...] deve primeiramente conquistar o poder político, para apresentar seu interesse como interesse geral [...]" (MARX e ENGELS, 2007, p. 37).

Nesse momento, ao mesmo tempo em que Marx e Engels introduzem o conceito de luta de classes também introduzem a ideia de alienação, pois o domínio de uma classe sobre a outra, o "poder social", depende do convencimento da classe dominada, seja por meio da violência ou como:

> [...] uma potência estranha, situada fora deles, sobre a qual não sabem de onde veio nem para onde vai, uma potência, portanto, que não podem mais controlar e que, pelo contrário, percorre agora uma sequência particular de fases e etapas de desenvolvimento, independente do querer e do agir dos homens e que até mesmo dirige esse querer e esse agir (MARX e ENGELS, 2007, p. 38).

De acordo com o materialismo histórico o Estado aparece como "expressão prático-idealista" de determinadas forças de produção que são utilizadas como condição de dominação de uma classe sobre outra. Ou seja, a forma Estado, como poder social, derivou do próprio grau de riqueza material atingido por uma determinada sociedade. Dessa forma, chegamos as ideias de classe e de dominação de classe:

> [...] as ideias da classe dominante são, em cada época, as ideias dominantes, isto é, a classe que é a força material dominante da sociedade é, ao mesmo tempo, sua força espiritual dominante. A classe que tem à sua disposição os meios de produção material dispõe também dos meios da produção espiritual, de modo que a ela estão submetidos aproximadamente ao mesmo tempo os pensamentos daqueles aos quais faltam os meios de produção espiritual. As ideias dominantes não são nada mais do que a expressão ideal das relações materiais dominantes, são as relações materiais dominantes apreendidas como ideais; portanto, são a expressão das relações que fazem de uma classe a classe dominante, são as ideias de sua dominação [...] (MARX e ENGELS, 2007, p. 47).

Na perspectiva do materialismo histórico a história é o movimento das forças produtivas através do desenvolvimento "das forças dos próprios indivíduos", no interior da divisão do trabalho. As relações sociais derivadas desta última se autonomizam e submetem os indivíduos "à mais completa dependência uns em relação aos outros".

> [...] Por meio da divisão do trabalho, já está dada desde o princípio a divisão das condições de trabalho, das ferramentas e dos materiais, o que gera a fragmentação do capital acumulado em diversos proprietários e, com isso, a fragmentação entre capital e trabalho, assim como as diferentes formas de propriedade. Quanto

mais se desenvolve a divisão do trabalho e a acumulação aumenta, tanto mais aguda se torna essa fragmentação. O próprio trabalho só pode subsistir sob o pressuposto dessa fragmentação" (MARX e ENGELS, 2007, p. 72).

Faz-se interessante, nesse momento, a título de ilustração, observar o processo histórico de autonomização das relações sociais, do Estado e do mercado mundial. Conforme Marx e Engels (2007), essa autonomização pode ser entendida a partir do seguinte desenvolvimento histórico: 1) a separação entre cidade e campo ou entre capital e propriedade da terra; 2) a necessidade da administração, da polícia, dos impostos etc, (política em geral e do Estado); 3) a separação entre a produção e o comércio, a formação de uma classe particular de comerciantes, e, uma consequente divisão da produção entre diversas cidades, cada uma com um ramo industrial predominante; 4) a partir de 1) e 2) resulta o nascimento das manufaturas; 4) passagem do capital natural-estamental para o capital móvel e sua consequente alteração das relações de propriedade e de produção; 5) extraordinário impulso das manufaturas a partir da expansão comercial com a descoberta da América e da rota marítima às Índias Orientais; 6) criação da grande burguesia pelo comércio e pela manufatura, passando essa classe a ter significado político; 7) das condições anteriores têm-se criação da grande indústria, a qual representou a maioridade do capitalismo.

A grande indústria revolucionou tanto o processo produtivo quanto autonomizou o capital. A autonomização do capital, por seu turno, implica em subsumir os mercados de produtos e de fatores, o progresso técnico e a força de trabalho, unicamente, ao processo de acumulação de capital. De forma geral, como Marx e Engels (2007, p. 60-61), explicam, a grande indústria:

> [...] universalizou a concorrência [...] criou os meios de comunicação e o moderno mercado mundial, submeteu a si o comércio, transformou todo capital em capital industrial e gerou, com isso, a rápida circulação (o desenvolvimento do sistema monetário) e a centralização dos capitais. Criou pela primeira vez a história mundial, ao tornar toda nação civilizada e cada indivíduo dentro dela dependentes do mundo inteiro para a satisfação de suas necessidades, e suprimiu o anterior caráter exclusivista e natural das nações singulares. Subsumiu a ciência natural ao capital e tomou da divisão do trabalho a sua última aparência de naturalidade. Destruiu, em geral, a naturalidade, na medida em que isso é possível no interior do trabalho, e dissolveu todas as relações naturais em relações monetárias. No lugar das cidades formadas naturalmente, criou as grandes cidades industriais modernas, nascidas da noite para o dia. Destruiu, onde quer que tenha penetrado, o artesanato e, em geral, todos os estágios anteriores da indústria. Completou a vitória da cidade comercial sobre o campo. Seu [pressuposto] é o sistema automático [...] criou por toda parte as mesmas relações entre as classes da sociedade e suprimiu por meio disso a particularidade

das diversas nacionalidades. E finalmente, enquanto a burguesia de cada nação conserva ainda interesses nacionais à parte, a grande indústria criou uma classe que tem em todas as nações o mesmo interesse e na qual toda nacionalidade já está destruída; uma classe que, de fato, está livre de todo o mundo antigo e, ao mesmo tempo, com ele se defronta. A grande indústria torna insuportável para o trabalhador não apenas a relação com o capitalista, mas sim o próprio trabalho.

A classe burguesa nasceu das diversas burguesias locais de diversas cidades, a partir do vínculo que essas cidades estabeleceram entre si, gerando assim as condições da formação de uma classe. Com base na divisão do trabalho ela se dividiu em frações distintas de acordo com seus respectivos capitais em função: mercantil, industrial, bancário. Para Marx e Engels (2007, p. 63), "[...] os indivíduos singulares formam uma classe somente na medida em que têm de promover uma luta contra outra classe; de resto, eles mesmos se posicionam uns contra os outros, como inimigos, na concorrência [...]". Por outro lado, o proletariado, como "classe revolucionária", já se defronta desde o início com a classe capitalista. Assim, ela "[...] surge não como classe, mas sim como representante de toda a sociedade [...] porque seu interesse [...] coincide com o interesse coletivo de todas as demais classes não dominantes [...]" (MARX e ENGELS, 2007, p. 49).

2.1. As lutas de classes na história econômica do capitalismo

Como Marx (2017), no livro I de "O capital", tomamos a era capitalista como tendo início no século XVI. A ideia deste item é apresentar o fenômeno da luta de classes e suas transformações ao longo da história econômica do capitalismo. Nesse sentido, a nossa primeira tarefa diz respeito a estabelecer uma relação entre tipos de lutas de classes e períodos históricos do desenvolvimento do capitalismo. A princípio, parece haver duas dinâmicas específicas relacionadas as lutas de classes, uma antes da grande indústria e, outra, após. O que estamos afirmando é que a própria luta de classes se torna subsumida a autonomização do capital, a partir deste segundo período. Todavia, isso não significa a perda de seu caráter revolucionário, porque enquanto houver conflito social em torno da partição do excedente econômico, a luta de classes continuará atuando como elemento nuclear de transformação dos processos sociais, bem como continuará sendo uma categoria central de análise econômica.

Marx e Engels reconhecem claramente tal distinção. As obras histórico-político de Marx refletem a luta de classes antes do advento da grande indústria e, O capital, reflete a dinâmica que a luta de classes assume com a implantação daquela. Da mesma forma, ao escrever o prefácio de "Luta de classes na França", na edição de 1895, Engels reconheceu a impossibilidade da luta de classes, depois da revolução de 1848, a partir de três aspectos: 1) de que as revoluções até aquele momento foram realizadas por "pequenas minorias" da classe dominante remodelando as instituições de acordo com o seu interesse; 2) da novidade representada pela participação dos trabalhadores nas instituições do Estado, via eleições; e 3) do monopólio da violência pelo Estado, formação das forças armadas nacionais, proporcionado pelo próprio crescimento econômico. Os argumentos de cada um dos autores merecem algumas palavras adicionais.

Comecemos por Engels. O primeiro argumento apresentado é de que todas as revoluções até aquele momento foram revoluções burguesas. Para ele o desenvolvimento econômico da época ainda não havia proporcionado a maioridade do capitalismo nem completado a formação do proletariado. Como informa Engels, a revolução econômica que instalou a grande indústria em todo o continente estava ocorrendo justamente naquela quadra histórica. Foi somente a partir desse momento que se pôde falar de uma burguesia geral e de um proletariado real, ambos surgidos da grande indústria, deslocando para primeiro plano a questão do "desenvolvimento social".

> Todas as revoluções desembocaram no afastamento de determinado domínio classista por outro; porém, todas

as classes dominantes até aqui sempre constituíram pequenas minorias diante da massa dominada da população. Assim, uma minoria dominante foi derrubada e outra minoria tomou o leme do Estado e remodelou as instituições deste de acordo com os seus interesses. Tratava-se, em cada caso, do grupo minoritário que foi capacitado e chamado pelo estado do desenvolvimento econômico para exercer o domínio, e foi justamente por isso e só por isso que a maioria dominada participou da revolução a favor desse grupo ou aceitou-a tranquilamente. Porém, se abstrairmos do conteúdo concreto de cada caso, a forma comum a todas essas revoluções é a de que eram revoluções de minorias. Inclusive quando a maioria participou, isso aconteceu – conscientemente ou não – só a serviço de uma minoria; esta, porém, ganhou assim, ou já em virtude da atitude passiva da maioria que não ofereceu resistência, a aparência de ser representante de todo o povo (MARX, 2012, l. 164-168).

Analisando a Revolução, de 1848, na França, Marx assim conclui:

Após a Revolução de Julho [...] quem reinou sob Luís Filipe não foi a burguesia francesa, mas *uma facção* dela: os banqueiros, os reis da bolsa, os reis das ferrovias, os donos de minas de carvão e de ferro e os donos de florestas em conluio com uma parte da aristocracia proprietária de terras, a assim chamada *aristocracia financeira*. Ela ocupou o trono, ditou as leis nas câmaras, distribuiu os cargos públicos desde o ministério até a agência do tabaco. (MARX, 2012, l. 466-471).

Para Engels, as formas de luta, de 1848, se tornaram antiquadas em todos os aspectos, pois todas as condições sob as quais o proletariado tem de lutar foram revolucionadas. Todavia, como ele próprio reconhece, mesmo com a disseminação do proletariado industrial por toda Europa, formando um grande "exército do proletariado", não era possível conquistar a vitória revolucionária com um só golpe. O proletariado foi "[...] obrigado a avançar lentamente de uma posição para outra mediante a luta dura e renhida, isso demonstra de uma vez por todas como era impossível conquistar em 1848 a reorganização social por meio de um ataque surpresa". (MARX, 2012, l. 209)

O imperialismo que se instaurou na Europa a partir de 1851, como analisado por Engels, inaugurou "um período de revoluções vindas de cima", mas também proporcionou uma nova organização mais ampla do proletariado reunido na *Internacional*.

Em 1871, a França reviveu a revolução proletária através da Comuna de Paris. Todavia, mais uma vez, por razões que não nos cabe aqui analisar, mas já amplamente analisadas por Marx e Engels, o governo da classe trabalhadora se mostrou uma impossibilidade: "[...] tão infecunda como o ataque repentino de 1848 permaneceu a vitória recebida em 1871" (MARX, 2012, l. 237). O segundo aspecto destacado por Engels é o seguinte:

> [...] O proletariado descobriu que as instituições do Estado, nas quais se organiza o domínio da burguesia, admitem ainda outros manuseios com os quais a classe trabalhadora pode combatê-las. Ele participou das eleições para as assembleias estaduais, ara os conselhos comunais, para as cortes profissionais, disputando com a burguesia cada posto em cuja ocupação tinha direito à manifestação. E assim ocorreu que a burguesia e o governo passaram a temer mais a ação legal que a ilegal do partido dos trabalhadores, a temer mais o sucesso da eleição que os da rebelião (MARX, 2012, l. 286-290).

Esse segundo aspecto já estava inclusive presente no Manifesto Comunista, quando os autores proclamaram como uma das "primeiras e mais importantes tarefas do proletariado militante" a conquista do direito de voto universal. O voto universal foi introduzido na Alemanha, em 1866, "[...] quando Bismarck se viu forçado a instituir esse direito de voto como único meio de interessar as massas populares pelos seus planos [...]" (MARX, 2012, l. 270).

O terceiro e último aspecto destacado por Engels diz respeito ao crescimento das forças armadas defensoras do Estado: "[...] se as grandes cidades se tornaram consideravelmente maiores, proporcionalmente ainda maiores se tornaram os exércitos [...]" (MARX, 2012, l. 324). Engels, então, faz uma comparação entre a situação dos militares e a dos insurgentes.

[...] com o auxílio das ferrovias, essas guarnições podem ser mais que duplicadas em 24 horas e, em 48 horas, transformar-se em gigantescos exércitos. O armamento [...] tornou-se incomparavelmente mais eficaz [...] hoje há as granadas de percussão, bastando uma delas para estraçalhar a barricada mais bem feita [...] Do lado dos insurgentes, em contraposição, todas as condições pioraram. Dificilmente se conseguirá de novo uma revolta com a qual todos os estratos populares simpatizem; na luta de classes, decerto todos os estratos médios jamais se agruparão em torno do proletariado de maneira tão exclusiva que, em comparação, o partido da reação aglomerado em torno da burguesia praticamente desaparece [...] (MARX, 2012, l. 324-328-331-335).

Isso é tudo sobre a análise de Engels com respeito as lutas de classes (e das dificuldades que o desenvolvimento do capitalismo passa a impor as mesmas). Marx, por seu turno, nos oferece a luta de classes como categoria de análise econômica no livro I, de "O Capital". Ele começa com a análise da mercadoria e suas contradições. A mercadoria é apresentada como célula da riqueza e o conjunto delas como a expressão total da riqueza de uma sociedade onde reina o modo de produção capitalista. A substância dessa riqueza é apresentada como o trabalho, mais especificamente o dispêndio de força de trabalho. Da relação entre força de trabalho e mercadoria é derivada a categoria valor. Logo, em qualquer período histórico o valor é transformação. Mas, no capitalismo além de transformação ele se torna objeto de acumulação, pois ele se desmaterializa, ele se separa da mercadoria, pelo processo de generalização das trocas, passando a ser representado por um equivalente universal que lhe é totalmente estranho, o dinheiro. Após a análise da mercadoria Marx apresenta a análise da produção da mercadoria. Nesse ponto a apresentação é realizada considerando indivíduos singulares nas figuras do capitalista e do trabalhador assalariado. No capítulo 4, "A transformação do dinheiro em capital", Marx tem diante de si a revelação de um segredo. Ele nos revela que a criação de valor no capitalismo é ao mesmo tempo um processo de exploração e de expropriação da força de trabalho. Ele nos revela que os ideais de igualdade e liberdade entre os homens, estabelecidos na forma de uma declaração, não passam de uma "ficção jurídica". Está posta assim a teoria da exploração através da categoria mais-valia ou mais-valor, como queiram se referir. Temos, então, revelado até aqui como se dá a produção de excedente econômico no capitalismo e a forma de sua apropriação (a especificações do mais-valor, em suas formas absoluta e relativa, são realizadas nas sessões III, IV e V, que contemplam os capítulos do 5 ao16).

  No final do quarto capítulo Marx anuncia uma mudança nas *dramatis personae* [personagens teatrais] a partir do momento em que o capital mercantil penetra à produção e o capital produtivo passa a dominar o primeiro. O possuidor de dinheiro se transforma em capitalista e o possuidor de força de trabalho, o seu trabalhador. Está aberta a passagem de uma análise centrada nos agentes singulares para uma análise centrada em classes sociais, introduzida no emblemático capítulo 8, "A jornada de trabalho": "[...] uma luta entre o conjunto dos capitalistas, *i.e.*, a classe capitalista, e o conjunto dos trabalhadores, *i.e.*, a classe trabalhadora" (MARX, 2017, p. 309). O capítulo 8 introduz, portanto, a luta de classes como uma categoria de análise econômica. Ela servirá como elemento de análise no processo de passagem da manufatura para a grande indústria. Primeiro através da luta entre os capitalistas e as corporações, depois pela luta intercapitalista entre os vários capitais em função (capital mercantil *versus* capital produtivo, capital produtivo *versus* capital produtivo), e, ainda, entre capital e trabalho. Esta última relação somente é desenvolvida no capítulo 23, "A lei geral da acumulação capitalista", quando Marx examina os efeitos do progresso técnico sobre a classe trabalhadora.

Marx poderia ter fechado o capítulo 23 com o item "Tendência histórica da acumulação capitalista", do capítulo 24, "A assim chamada acumulação primitiva". Todavia, parece que ele fez questão de mostrar, tanto do ponto de vista lógico (capítulos 1 ao 23), quanto do ponto de vista histórico (capítulo 24), que o sistema capitalista é simplesmente indefensável, por constituir um sistema de exploração e de expropriação permanente entre os homens. Pois, se a lei geral da acumulação capitalista é produzir de um lado, capitalistas, e, de outro, trabalhadores assalariados, a tendência histórica da acumulação capitalista é elevar a contradição fundamental desse sistema a um nível insuportável. A sua superação enquanto sistema histórico se dará, portanto, como a superação de qualquer outro sistema histórico, pela luta de classes.

Todavia, essa amplitude da luta de classes não é reconhecida por alguns marxistas. A interpretação do Sr. Postone, por exemplo, é de negar a importância da luta de classes como instrumento de superação do capitalismo. Ele chega a afirmar que a "[...] concepção de Marx do socialismo não envolve a realização do proletariado" (POSTONE, 2014, p. 378). Mas, como ele chegou a tal conclusão?

O Sr. Postone na sua obra "Tempo, trabalho e dominação social: uma reinterpretação da teoria crítica de Marx", de 1993, fez importantes considerações sobre a categoria trabalho. Principalmente, ao formular sua função como a "[...] de uma mediação direcionalmente dinâmica, totalizante e historicamente específica [...]" (POSTONE, 2014, p. 463). Todavia, quando trata da luta de classes, o seu ponto de partida é a negação do próprio objeto de análise do capital: a exploração da força de trabalho a partir da relação capital. Pois, afirma ele que "as formas objetivadas de mediação social", "expressadas pelas categorias de valor e mais-valor", "[...] não podem ser compreendidas apenas em termos de relações de exploração de classe [...]" (POSTONE, 2014, p. 364). Para ele, o caráter teórico das relações de classe não é nada óbvio no desenvolvimento feito por

Marx, quando da apresentação e a análise da categoria mais-valor. Ora, demonstramos justamente o contrário há alguns parágrafos. A sua confusão reside na separação "[...] entre a classe e o caráter específico da mediação social no capitalismo" (POSTONE, 2014, p. 366). Pois, sua intepretação é que para Marx a mediação constitutiva da sociedade capitalista (as formas sociais da mercadoria e do capital) não pode ser expressa simplesmente pela luta de classes. Mas, também, como mostramos acima essa separação se mostra falsa. A subsunção da luta de classes pela autonomização do capital, ou seja, a internalização da luta de classes como um processo "normal" e legal de resoluções de conflito entre capital e trabalho, não autoriza o Sr. Postone a negar a análise de Marx do proletariado como força revolucionária. Muito menos a afirmar que Marx queria concluir outra coisa que não que a luta de classes "é a história de todas as sociedades até hoje existentes". Que a forma-mercadoria atua como mediação social entre capitalistas e trabalhadores assalariados, isso não é nenhuma novidade, está lá em O Capital, perpassando os capítulos de 9 a 23. Que a luta de classes não representa uma perturbação do sistema, como afirma o Sr. Postone, não podemos aceitar. Pois, Marx demonstrou claramente que dada a lei geral da acumulação capitalista a sua tendência histórica seria inevitavelmente o conflito de classes que resultaria na "expropriação dos expropriadores". Se o desenvolvimento histórico do capitalismo contornou e/ou inviabilizou, por sua extrema elasticidade, esse desfecho, isso não autoriza o Sr. Postone a negar a luta de classes como forma de superação do modo capitalista de produção. Principalmente, "[...] que a superação do capitalismo não envolve a autopercepção do proletariado [e que] a lógica de Marx não defende a noção de que o proletariado é o sujeito revolucionário" (POSTONE, 2014, p. 376).

Realmente, como evidencia o Sr. Postone, a luta de classes tem sido tomada "como uma descrição dos agrupamentos sociais na sociedade capitalista", como "uma descrição de uma tendência histórica da população de polarizar-se em dois grandes grupos sociais" e, ainda, como uma forma de 'acumulação circulatório-administrativa' (enfatizado pelo crescimento da classe média). Mas, pelo exposto até aqui a luta de classes é muito mais que isso. Ela é a categoria de análise econômica que acompanha o raciocínio de Marx do capítulo 8 ao 23 de O Capital. Nesse contexto, ela deu forma ao capitalismo, possibilitou explicar o seu desenvolvimento histórico e anunciar a sua superação.

Portanto, a categoria luta de classes apresenta duas conotações distintas em Marx. Ela é tanto uma categoria de análise histórico-política quanto uma categoria de análise econômica. Esta última forma é apresentada e discutida em O Capital, a partir do seu capítulo 8 "A jornada de trabalho", como já discutimos. Como categoria de análise política reflete a necessidade de uma revolução social, para além dos limites da legalidade instituída. Como categoria de análise econômica reflete tanto o processo de exploração da força de trabalho quanto a luta "legal" em torno dos limites da jornada de trabalho, como demonstrado no capítulo 8, do livro I de "O capital". Pois, como o próprio Marx esclarece, estamos diante de uma antinomia:

> [...] um direito contra outro direito, ambos apoiados na troca de mercadorias. Entre direitos iguais quem decide é a força. E assim a regulamentação da jornada de trabalho se apresenta, na história da produção capitalista, como uma luta em torno dos limites da jornada de trabalho – uma luta entre o conjunto dos capitalistas, *i.e.*, a classe capitalista, e o conjunto dos trabalhadores, *i.e.*, a classe trabalhadora (MARX, 2017, p. 309).

Em síntese, como categoria de análise econômica a luta de classes foi também tratada dentro dos limites da legalidade capitalista para explicar a luta da classe trabalhadora no contexto da autonomização do capital e, posteriormente, da implantação do voto universal. A partir das conclusões alcançadas pela luta de classes como categoria de análise econômica, na qual a reprodução social no capitalismo ocorre sempre produzindo de um lado capitalistas e de outro trabalhadores assalariados, conforme conclusão do capítulo 23 ("A lei geral da acumulação capitalista"), alcançamos seu último sentido político: a expropriação dos expropriadores pelos expropriados. Esse último sentido, aparece como conclusão lógica da análise desenvolvida ao longo do livro I, sendo apresentada como "A tendência histórica da acumulação capitalista", no capítulo 24, "A assim chamada acumulação primitiva".

2.2. O viés Schumpeteriano

A luta de classes foi anunciada em toda sua amplitude no "Manifesto Comunista", já demonstrando, então, toda sua força enquanto categoria de análise histórica: "A história de todas as sociedades até agora tem sido a história das lutas de classe", como citado anteriormente.

Se a luta de classes termina sempre em revolução é uma outra história, um outro mal-entendido. Uma revolução é uma transformação que ocorre devido a uma combinação multifacetada de fatores e que muda uma forma de sociabilidade, não é uma ruptura instantânea, mas um processo social que ocorre num determinado período de tempo. Ao tratar da Revolução industrial inglesa, por exemplo, Hobsbawm (2009), é bastante elucidativo: "[...] a Revolução Industrial não foi uma mera aceleração do crescimento econômico, mas uma aceleração de crescimento em virtude da transformação econômica e social – e através dela [...] ocorreu numa economia capitalista e através dela [...] mediante revolução tecnológica e transformação social perpétuas [...]" (HOBSBAWM, 2009, p. 33-34).

A Revolução Industrial Inglesa é certamente resultado de um objetivo de classe. Para consolidar seu objetivo o capitalista industrial, teve de se estabelecer como classe dominante em relação as outras classes, como as oligarquias agrárias e mercantis, por exemplo.

A associação entre lucro e progresso técnico reflete o caráter econômico na base de tal revolução: "[...] temos que explicar porque a busca do lucro privado levou à transformação tecnológica, e não é absolutamente óbvio que isso aconteça automaticamente [...]" (HOBSBBAWM, 2009, p. 33)

Podemos dizer que a Revolução Industrial Inglesa é resultado de uma outra revolução, a Revolução gloriosa, a revolução burguesa inglesa. Mas, para tanto, precisamos estabelecer um conjunto de mediações históricas que percorre todo o período de tempo, entre os dois eventos.

De qualquer forma, uma revolução é resultado direto da luta de classes, seja ela uma revolução social (como o estabelecimento do próprio capitalismo), seja ela uma revolução industrial (transformação do regime de acumulação). Para Marx e Engels, é verdade que a luta de classes, como processo histórico, levará a revolução comunista, mas um amplo conjunto de mediações precisa existir entre esses dois eventos. E, a certeza, de que o capitalismo é uma etapa histórica do desenvolvimento econômico, autoriza Marx e Engels, a afirmarem que o resultado da luta de classes é o comunismo. Todavia, a subsunção da luta de classes ao processo de acumulação de capital pode tornar tão elástica a contradição fundamental do modo de produção capitalista, que pode fazer perder de vista a dimensão da luta de classes como única forma possível de superação do próprio sistema. Como foi claramente o entendimento do Sr. Postone, examinado anteriormente.

No caso do Sr. Schumpeter a sua pretensão de ser o maior economista do mundo também foi a sua própria ruína. Reduzir toda a totalidade social, todos os processos econômicos a uma teoria das inovações foi um equívoco tão grandioso quanto o seu ego. Furtado (2000, p. 62), foi muito categórico quanto a esse assunto.

> Uma teoria do desenvolvimento deve ter por base uma explicação do processo de acumulação de capital. A teoria das inovações é de enorme importância, mas conduz a equívoco pretender formulá-la independentemente da teoria da acumulação de capital. Ora, a acumulação de capital não pode ser explicada mediante categorias abstratas com pretensões à universalidade pois está intimamente ligada ao sistema de organização da produção, às formas de distribuição e utilização da renda, enfim, a um processo histórico cujos elementos específicos devem ser identificados.

Na verdade, toda crítica que o Sr. Schumpeter faz de O Capital é no sentido de justificar a sua teoria das inovações, mas também temos que considerar também o horror que ele tinha pelo comunismo. Logo, não é uma crítica científica, é uma crítica passional, dirigida, depreciativa e que não apresenta o menor valor científico. Senão vejamos!

Na sua obra "Capitalismo, socialismo e Democracia", de 1942, ele desmembra Marx em quatro partes e demoniza cada uma delas. O Marx profeta, o professor, o sociólogo, o economista (talvez ele desconhecesse o significado do conceito de totalidade). Para ele a obra de Marx foi simplesmente uma "tentativa de substituição de sentimentos verdadeiros por uma falsa revelação da lógica da evolução social, dessa forma, falsificando a verdadeira psicologia do trabalhador", que no seu entender estava representada no desejo de se tornar um pequeno-burguês. "Pequenez e vulgaridade", são os termos utilizados por esse distinto senhor para tratar a vida e o trabalho de Marx. A obra de Marx, por ele está acima das massas, "ou bem além do que pensavam ou desejavam", apresentava-se como uma religião, a "religião marxista", uma "caricatura" da fé. Quanto descalabro, quanta arrogância, quanta infâmia. Chega! Não é dos ataques pessoais que queremos tratar, mas do total desconhecimento, cegueira, despreparo, ou seja lá o que for, do Sr. Schumpeter para tratar e entender a grande obra de Marx, principalmente no que diz respeito a questão da luta de classes.

Para o Sr. Schumpeter a "teoria marxista das classes sociais" é a irmã "coxa" do materialismo histórico. Não entende ele que o materialismo histórico é um método e nem que a luta de classes tem duas dimensões: de teoria e de categoria de análise. Talvez a maior pretensão do Sr. Schumpeter tenha sido acusar Marx de ser pretencioso ao máximo ao ter afirmado no "Manifesto" que a história da sociedade é a história da luta de classes. Nesse sentido, ele iguala o materialismo histórico a luta de classes como meras hipóteses de trabalho totalmente substituíveis por "[...] outras proposições similares – como uma de muitas verdades parciais – ou, então, dar lugar a outra, que represente verdade mais fundamental [...]" (SCHUMPETER, 2020, l. 577). Sobre esse assunto nós já demonstramos como a luta de classes perpassa toda a análise econômica que Marx realizou em O Capital. Mas, para o Sr. Schumpeter (2020, l. 625), "[...] a importância exata do fenômeno das classes sociais é questão aberta as pesquisas, no campo da teoria econômica pura [...]".

Para o Sr. Schumpeter a validade da luta de classes enquanto categoria de análise "depende da validez da teoria de que fizermos uso". Aqui ele se refere a teoria racial das classes sociais e a da divisão das classes inspiradas na divisão do trabalho. Para ele, "[...] qualquer que seja o nosso ponto de vista, interpretações diferentes resultarão de diferentes definições dos interesses de classe e das diferentes opiniões sobre como se manifestam as ações de classe [...]" (SCHUMPETER, 2020, l. 639).

Nesse aspecto, parece que o Sr. Schumpeter não sabe bem distinguir entre uma análise histórica e a sua oposta. Geralmente, os paradigmas da cultura burguesa deixam muito pouco espaço para a história. É o caso da teoria racial das classes, que representa uma forma de naturalização das relações sociais. Ela não acrescenta nada para o entendimento dos processos sociais e suas dinâmicas, além da nutrição de preconceitos entre os povos. Dessa forma, somente "[...] a análise histórico-social concreta revela a labilidade da fronteira entre civilização e barbárie [...]", como esclarece Losurdo (2015, p. 48). Esta é uma questão que perpassa as fronteiras nacionais: "[...] com a sua luta de classes, a burguesia ocidental impôs uma divisão internacional do trabalho fundada na escravização dos negros e na expropriação, na deportação e até na aniquilação dos ameríndios [...]" (LOSURDO, 2015, p. 48). Portanto, a formulação da categoria luta de classes não é somente uma hipótese de trabalho, mas é aquela hipótese que elimina os deslizes falsificadores e a-históricos dos paradigmas naturalistas.

É bastante curioso o fato de que o Sr. Schumpeter ache curioso que Marx não tenha dado um caráter sistemático à luta de classes. Na sua cabeça, Marx não concluiu "aquilo que é, evidentemente, básico de seu pensamento" (SCHUMPETER, 2020, l. 639). Todavia, como já demostramos, não existe prova maior da sistematização de uma teoria da luta de classes, do que a contida em O Capital. Para ele, depois de "As lutas de classe na França", "nenhum outro progresso foi alcançado". Santa ignorância!

Por fim, o palavreado do Sr. Schumpeter, dirigido, leviano e de muita ignorância quanto ao conteúdo do trabalho de Marx, descredencia sua crítica e "por isso, não pode ser levada a sério". Logo, a conclusão dele quanto ao referido assunto pode ser aplicada a ele mesmo, como evidencia a citação seguinte.

[...] Desde que a maior parte dos métodos de acumulação primitiva são responsáveis por acumulações posteriores – a acumulação primitiva continua através da era capitalista – não é possível afirmar que a teoria das classes sociais de Marx seja totalmente correta, excetuando as dificuldades referentes aos processos do passado distante. Mas é talvez supérfluo insistir nas fraquezas de uma teoria que não atinge, nem mesmo nos exemplos mais favoráveis, os limites do âmago dos fenômenos que se propões explicar e que, por isso, não deve ser levada a sério [...] (SCHUMPETER, 2020, l. 707).

3. Lutas de classes e capitalismo

Por que esquecemos a importância analítica da categoria luta de classes? Por que não utilizamos de forma mais ampla a luta de classes como categoria de análise histórica e econômica? A nossa tese é a de que ao ser a luta de classes tornada parte do processo dinâmico da acumulação de capital, ou seja, ao assumir um caráter específico de elemento de mediação social, ela tenha de alguma forma nos desinteressado enquanto categoria analítica. Ou, o que dá no mesmo, o capitalismo camuflou a luta de classes como instrumento de análise e de revolução, por nos fazer crer que as lutas civilizadas se dão em torno dos salários, da jornada de trabalho e dos "direitos trabalhistas".

A luta de classes apresenta-se muito emblemática no século XX. Ao mesmo tempo presenciamos tanto a sua "normalização" pelo capitalismo, quanto assistimos o surgimento, o desenrolar e, em alguns casos, o declínio ou a transformação, de suas revoluções comunistas e anticolonialistas. Todavia, o mais curioso foi que nem as revoluções comunistas conseguiram eliminar a tal luta de classes. O comunismo soviético se desfez em meio a pressão capitalista cada vez mais global, mas também por problemas de poder e privilégios, representado por uma luta entre grupos burocráticos, além de um conjunto de outras mediações históricas, que não faz parte do objeto de nossa análise. A China, a partir dos anos 1970, vem implementando um projeto de "socialismo capitalista" que a tem transformado em uma potência com capacidade de desafiar o *hemegon*, em função. Outros países menores, como Cuba, enfrentam restrições externas, dependem de grupos burocráticos privilegiados para a sua condução e restringem certos aspectos das liberdades individuais. Contudo, este país ainda tem a vantagem de apresentar indicadores sociais menos desiguais entre os membros de sua população. O nosso interesse nesse item está, em pelo menos, tentar encaminhar algumas considerações sobre a tese colocada em seu primeiro parágrafo.

Enquanto escrevia esta parte do livro (2021) se desdobra nos EUA uma discussão acalorada sobre o aumento do salário mínimo para US $ 15, a hora. Desde 2007, o salário mínimo federal é de US $ 7,25 a hora. Estima-se que um salário de US $ 15, poderia tirar quase 1 milhão de americanos da pobreza, aumentando o salário de até 27 milhões, mas poderia também resultar também na perda de até 1,4 milhão de empregos. No entanto, na verdade o que deveria estar em discussão era o motivo de existir um salário mínimo. Pois, se as necessidades sociais são iguais, nada mais social que se estabelecerem rendimentos monetários equitativos para o conjunto da população. Tema que será tratado na próxima parte. Apenas ilustraremos tal aspecto mostrando que Marx, em sua obra "Crítica do programa de Gotha", já havia afirmado que "o *salário* não é o que aparenta ser".

> Desde a morte de Lassalle, impôs-se em nosso partido o ponto de vista científico de que o *salário* não é o que *aparenta* ser, isto é, o *valor* do trabalho ou seu *preço*, mas apenas uma forma disfarçada do *valor* ou *preço da força de trabalho*. Com isso, foi descartada toda a concepção burguesa do salário até hoje, assim como toda a crítica a ela dirigida, e ficou claro que o trabalhador assalariado só tem permissão de trabalhar para sua própria vida, isto é, *para viver*, desde que trabalhe de graça um determinado tempo para o capitalista (por isso, também para aqueles que, juntamente com ele, consomem a mais-valia); que o sistema inteiro da produção capitalista gira em torno do aumento desse trabalho gratuito graças ao prolongamento da jornada de trabalho ou do crescimento da produtividade [...] por conseguinte, o sistema de trabalho assalariado é um sistema de escravidão que se torna tanto mais cruel na medida em que as forças produtivas sociais do trabalho se desenvolvem, sendo indiferente se o trabalhador recebe um pagamento maior ou menor [...] dever-se-ia dizer que, com a abolição das diferenças de classes, desaparece por si mesma toda desigualdade social e política delas derivada (MARX, 2012a, p. 38-39).

Nesse mesmo momento, nos EUA, com a eleição de um governo democrata, estamos assistindo também a outra acalorada discussão sobre a viabilidade de um pacote fiscal de estímulo à economia e, também, para reconstrução da infraestrutura da América. O que está previsto para acontecer em duas etapas. Na primeira, o governo Biden busca aprovação do Congresso para um plano de estímulo de US $ 1,9 trilhão (cerca de 9% do PIB). Na segunda, com um viés focado em infraestrutura, levando o esforço fiscal total para cerca de US $ 3 trilhões a US $ 4 trilhões (14% a 19% do PIB). Aqui as altas finanças questionam tanto a forma de financiamento (elevação de imposto sobre lucros de empresas), quanto a possibilidade de geração de bolhas especulativas, desestabilização do sistema financeiro e das expectativas inflacionárias, advindas de um crescimento econômico mais acelerado. Uma matéria do *Financial Times*, de 23 de fevereiro de 2021, apresenta como título "Quando o estímulo é demais para os mercados?" Outra matéria, dessa vez do *Bloomberg*, de 22 de fevereiro, assinada por Rich Miller, traz o título "Yellen e Powell desconfiam da espuma financeira enquanto pressionam o estímulo". Ambas as matérias tratam do mesmo problema. Esta segunda matéria expressa a preocupação do presidente do Fed, Jay Powell, e da secretária do Tesouro dos EUA, Janet Yellen, sobre o dilema entre estabilidade financeira e incentivos fiscais. Na verdade, deveriam estar discutindo sobre a função social da produção e da propriedade, não como instrumentos de acumulação desenfreada de riqueza abstrata, mas a partir de sua função social, como meios de prover habitação, saúde, educação, transportes. Enfim, infraestrutura produtiva e social para toda a sociedade. Em outros termos, o Estado não pode resolver as contradições da sociedade capitalista porque também é próprio dele tal contradição. Este aspecto foi muito bem pontuado por Marx e Engels quando trataram das "Lutas de classes na Alemanha".

> Do ponto de vista político, Estado e *organização da sociedade* não são duas coisas distintas. O Estado é a organização da sociedade. Na medida em que o Estado admite a existência de anomalias sociais, ele procura situá-las no âmbito das leis da natureza, que não recebem ordens do governo humano, ou no âmbito da *vida privada*, que é independente dele, ou ainda no âmbito da *improbidade* da administração. Assim, para a Inglaterra a miséria está fundada na *lei da natureza*, segundo a qual a população constante e obrigatoriamente extrapola os meios de subsistência. Numa outra perspectiva, ela explica o pauperismo a partir da *má vontade dos pobres* [...] Por fim, *todos* os Estados buscam a causa nas falhas *casuais* ou *intencionais* da *administração* e, por isso mesmo, em medidas administrativas o remédio para suas mazelas. Por quê? Justamente porque a *administração* é a atividade organizadora do Estado [...] O Estado não pode suprimir a contradição entre a finalidade e a boa vontade da administração, por um lado, e seus meios e sua capacidade, por outro, sem suprimir a si próprio, pois ele *está baseado* nessa contradição. Ele está baseado na contradição entre a *vida pública* e a *vida privada*, na

contradição entre os *interesses gerais* e os *interesses particulares* [...] (MARX e ENGELS, 2010b, p. 38-39).

Se estas questões não dizem respeito as lutas de classes, se estas questões não podem ser analisadas através da categoria luta de classes, se não representam o centro da questão econômica e, por conseguinte, da teoria econômica, que eu acredite em papai Noel. Nem uma pandemia de nível global, como a da Covid-19, que até o dia 23 de fevereiro de 2021, havia ceifado 2.476.668 vidas, e continuava em sua marcha da morte, foi capaz de alterar os mecanismos de distribuição e o *modus operandi* do capitalismo.

A luta de classes está no ar, nós respiramos a luta de classes, só que não a vemos. Portanto, Sr. Schumpeter não há exagero nem limitação de importância "da linha divisória entre a classe capitalista, assim entendida, e a proletária", nem tampouco tal exagero e limitação "somente foi superado pelo exagero do antagonismo entre elas" (SCHUMPETER, 2020, l. 735). Segundo ele, ainda,

> [...] Para qualquer mente não deformada pelo hábito de orar pelo rosário marxista, deve ser evidente que a relação entre as classes, em tempos normais, é, principalmente, de cooperação e que qualquer teoria contrária deve basear-se, em grande parte, para verificação, em casos patológicos [...] Somos, mesmo, tentados a dizer que há menos contrassenso no velho ponto de vista da harmonia – embora também cheio de contrassensos – do que na constituição marxista do

intransponível abismo entre os proprietários dos meios de produção e os que os usam [...] (SCHUMPETER, 2020, l. 739).

Quanto contrassenso mostra o Sr. Schumpeter. Ele não conseguiu entender o que Marx expusera de forma tão clara entre os capítulos 8 e 24 de O Capital. Foi através da luta de classes que o capitalismo se estabeleceu enquanto modo de produção dominante. Nessa trajetória foi a luta de classes que estabeleceu o capital mercantil e formou o proletariado. A transformação do capital mercantil em capital industrial se deu através da luta de classes, o capital mercantil contra as guildas e as corporações, em seguida o capital manufatureiro contra o capital mercantil até o estabelecimento da grande indústria. Daí, a autonomização do capital estabelecendo as "leis coercitivas da concorrência capitalista" e configurando uma luta de classes entre as próprias frações de capitais, em função; resultando nos processos de concentração e centralização de capitais. O que o Sr. não percebeu foi que o processo de autonomização do capital ao tornar o mercado de trabalho sempre favorável ao capital tornou, também, a luta entre capital e trabalho um fator "corriqueiro" do cotidiano capitalista, encobrindo, assim, o real significado da luta de classes e seu caráter revolucionário.

4. Capitalismo com dominância financeira, novas tecnologias de informação e lutas de classes

O século XX pode ser caracterizado como o curto século das transições. Curto no sentido de uma forma específica de acumulação e curto, ainda, no sentido das relações entre trabalho e capital. Do ponto de vista da acumulação, vivenciamos os resultados da Revolução Técnico-Científico-Informacional, da década de 1970, até o presente, a partir da qual a forma predominante de acumulação deixou de ser a industrial e passou a ser a digital-financeira. Do ponto de vista da relação entre trabalho e capital presenciamos a racionalização da produção, a partir do taylorismo e do fordismo, estabelecendo-se uma relação entre taxa salarial e produtividade. Mas, foi só com o Estado de bem-estar social, do final da Segunda Grande Guerra até o final dos anos 1970, que presenciamos nos países do capitalismo central, devido as elevadas taxas de crescimento econômico e a pressão dos trabalhadores, um breve recuo do processo de exploração capitalista.

Entre o fordismo e a Revolução Técnico-Científico-Informacional tivemos três "ajustes espaciais" violentos, a Primeira Grande Guerra, a Grande Depressão e Segunda Grande Guerra. Assistimos, também, a um conjunto de lutas anticapitalistas, desde a Revolução Russa (1917), Revolução Chinesa (1949) até a Revolução cubana (1959), até as lutas anticolonialistas de independência nacional intensificadas nos anos 1950 e 1960.

Um quarto ajuste espacial teve início a partir dos anos 1970, quando os aparelhos industriais da Europa e da Ásia já haviam sido reconstruídos. O capital em crise se apropriou de uma nova força colossal capaz de implementar uma transformação proporcionalmente colossal em todos os domínios da totalidade social. Uma nova era se abriu no processo de mundialização do capital varrendo não somente as experiências anticapitalistas, mas subsumindo todos os conteúdos da vida social, econômica, política e ideológica aos desígnios dos novos imperativos econômicos capitalistas relacionados com: a ressignificação do Estado, das relações entre nações, da política e da democracia, do trabalho. Um rolo compressor que parece avançar com força avassaladora, até que em algum momento histórico, consiga retirar os últimos vestígios de humanidade e civilidade do ser humano. Este constitui o último estágio do processo de alienação, a fetichização do próprio homem.

A fetichização do ser social acontece quando as relações sociais entre os mesmos são mediadas pelo homem como não *ser*, como coisa, o homem-coisa, alienado, bestializado e coisificado, tanto pela relação capital/trabalho quanto pelas relações sociais no próprio mundo do trabalho. Esse fetiche faz parte dos resultados humanos da Revolução Técnico-Científico-Informacional. Especificamente o de promover um processo incessante de fetichização do homem ao lhe proporcionar uma falsa sensação de autonomia, liberdade e de autoconhecimento.

Nesse estágio as grandes corporações que operam e desenvolvem as novas tecnologias de informação passaram a condicionar e determinar os rumos políticos, sociais e a própria forma de nossa sociabilidade. Passaram a determinar resultados de eleições nacionais e reduziram a nossa mentalidade ao embate entre os que defendem um pensamento de direita e os que defendem um pensamento de esquerda, ou seja, a um processo de individualização extrema.

Por seu turno, o capitalismo com dominância financeira ressignificou o nosso padrão de riqueza. Na década de 1990, o setor financeiro superou o setor manufatureiro, no sentido de que se generalizou uma maior percepção a respeito do peso e da influência dos ativos financeiros nas economias modernas. A composição da riqueza social, tanto de famílias quanto de empresas, sofreu importante mutação com a velocidade do crescimento dos haveres monetários. Movimento que resultou de uma forte tendência à financeirização e ao rentismo e que não está confinado às fronteiras nacionais. Desta perspectiva: "[...] empresas, bancos e também famílias abastadas – através dos investidores institucionais – passaram a subordinar suas decisões de gasto, investimento e poupança às expectativas quanto ao ritmo do seu respectivo 'enriquecimento' financeiro" (BELLUZZO, 2009, p. 132).

Conforme destaca Chesnais (2002, p. 2), "[...] O advento dessa forma de capital fez-se acompanhar da formação de configurações sistêmicas novas e de encadeamentos macroeconômicos e macrossociais inéditos [...]". Como destaca Marazzi (2011, p. 35), "a economia financeira é hoje difusa, espalha-se ao longo de todo o ciclo econômico, o acompanhando, por assim dizer, do início ao fim [...]".

O circuito do capital financeiro contemporâneo nasceu quando o volume de capital financeiro sobrante não encontrou condições de remuneração adequada nos circuitos locais de reprodução do capital. Esta possibilidade está relacionada à regeneração do circuito completo do capital financeiro em termos mundiais e ocorreu desde meados da década de 1960, quando da implantação de filiais de bancos americanos fora do controle das autoridades monetárias americanas. Permeia este movimento o processo de internacionalização dos fluxos de mercadorias e capitais dentro das grandes corporações, as inovações financeiras e a ruptura do padrão ouro-dólar. Para Belluzzo (2009), o surgimento deste circuito torna elástica a capacidade de valorização financeira e a capitalização das empresas internacionais. Conforme Braga (1998), o capital financeiro moderno constitui a fusão da forma juro com a forma lucro em busca de ganhos operacionais bem como financeiro-patrimoniais.

Assim, podemos entender que a financeirização da economia foi um movimento de recuperação da rentabilidade do capital fora dos processos diretamente produtivos em que a parcela de renda e de lucros derivados dos investimentos financeiros se tornaram mais "importantes" que aquela derivada da atividade produtiva. Marx já havia observado que:

> [...] uma vez que o lucro assume aqui puramente a forma de juro, tais empresas são ainda viáveis quando meramente proporcionam juros, e esse é um dos motivos que freiam a queda da taxa geral de lucro, pois essas empresas, onde o capital constante constitui proporção tão enorme em relação ao variável, não entram necessariamente na equalização da taxa geral de lucro (MARX, 2017, p. 332).

Marx, também, mostrara as consequências do processo acima descrito pela sua dupla característica. Embora seja mola propulsora da produção capitalista é, também, uma limitadora do número dos que exploram a riqueza social: "[...] em vez de superar a antítese entre o caráter social da riqueza e sua apropriação privada, só a desenvolve numa nova configuração." (MARX, 2017, p. 334)

Como Chesnais (1996), entendemos que a mundialização deve ser pensada como parte do processo de internacionalização do capital e de sua valorização:

> O grau de interpenetração entre os capitais de diferentes nacionalidades aumentou. O investimento internacional cruzado e as fusões-aquisições transfronteiras engendram estruturas de oferta altamente concentradas a nível mundial [acentuando] os aspectos financeiros dos grupos industriais e [imprimindo] uma lógica financeira ao capital investido no setor de manufaturas e serviços (CHESNAIS, 1996, p. 33).

Negri (2011) destacou esse "rentismo absoluto", como apontado no trecho acima, como uma acumulação primitiva e violenta e, a financeirização, como a forma atual do comando capitalista. Em termos históricos, como informa Vercellone (2011, p. 119), "[...] as diferentes formas tomadas pelo rentismo durante a história do capitalismo estão sempre ligadas de modo inextricável à privatização das condições sociais de produção e à transformação do comum em mercadoria fictícia [...]".

No capitalismo contemporâneo, como explica Braga (1998), a financeirização é o padrão sistêmico de riqueza. Isto porque a valorização e a concorrência operam sob a lógica financeira; a financeirização representa a forma contemporânea de definir, gerir e realizar riqueza no capitalismo e trata-se de um padrão sistêmico, porque está constituída por componentes fundamentais da organização capitalista. Para o mesmo autor, na estratégia de concorrência das grandes corporações a lógica financeira passou a assumir peso análogo em relação ao progresso técnico e ao investimento produtivo. Este padrão sistêmico tem como suporte uma macroestrutura financeira, na qual ocorrem:

> [...] as operações monetário-financeiras e patrimoniais de um conjunto de instituições formado pelos bancos centrais relevantes, pelos grandes bancos privados, por diversas organizações financeiras – corretoras, seguradoras, fundos de investimento –, pelas grandes corporações industriais e comerciais, pelos proprietários de grandes fortunas. (BRAGA, 1998, p. 222)

No centro deste padrão sistêmico de riqueza está o capital a juros constituído por uma fusão da forma juro com a forma lucro. A peça-chave é a securitização que envolve e interliga os mercados creditício, de capitais e de derivativos. Como destaca Braga (1998, p. 224), esses "[...] ativos geradores de juros, funcionando como quase-moeda, permitem gerir e realizar a riqueza financeira numa velocidade e amplitude antes inexistentes [...]", constituindo o próprio modo de ser da riqueza contemporânea. Assim foram criadas as condições políticas e econômicas para a consolidação de um verdadeiro mercado mundial do dinheiro de forma que se assiste atualmente a: [1] um declínio da moeda e dos depósitos bancários como fontes de financiamento do processo de acumulação; [2] desintermediação financeira, por conta da expansão das técnicas mediante a emissão de títulos, que passaram a substituir os empréstimos bancários convencionais; [3] ampliação das funções financeiras no interior das corporações produtivas; [4] transnacionalização de bancos e empresas; [5] interdependência de taxas de juros e de câmbio, [6] déficit público endogenizado, isto é, financiado mediante a emissão de títulos públicos renegociáveis do mercado de capitais; [7] compra e venda de corporações como um negócio específico das empresas produtivas; [8] fusões como modalidade mais importante de investimento; [9] natureza multinacional, multissetorial e multifuncional das grandes corporações que operam no mercado mundial; e [10] permanência do dólar como moeda estratégica mundial.

Essa mobilidade e autonomização do processo de acumulação diante das diferentes formas de existência do capital têm um preço político muito alto: a perda de poder do Estado para disciplinar e normatizar o crescimento e o desenvolvimento das economias nacionais. O Estado torna-se refém da lógica do capital. Portanto, ao se tornar prisioneiro da lógica da financeirização, o Estado, se não perde completamente sua capacidade de fazer políticas públicas, sua autonomia política é bastante limitada.

Este "modo de ser" da riqueza contemporânea não apresenta condições para um desenvolvimento voltado para o social, mas "[...] representa a modalidade adequada e perversa da acumulação no novo capitalismo (MARAZZI, 2011, p. 54). Neste sentido, também concordam Carcanholo e Nakatani (1999, p. 302), quando concluem que:

> [...] o capital especulativo não apresenta condições de sustentar uma nova era no capitalismo, que se mantenha por décadas e que reorganize historicamente o mundo segundo os seus interesses, que possa estabelecer uma nova divisão internacional do trabalho sustentável, que garanta níveis de crescimento econômico aceitáveis e que permita condições de vida minimamente suportáveis para razoável contingente da população mundial. A época do predomínio do capital especulativo parasitário só pode prevalecer durante um período, maior ou menor, marcado por profundas e recorrentes crises financeiras e, de outro lado, por uma polarização jamais vista antes na história do capitalismo: magnífica riqueza material de um lado e profunda e crescente miséria em grande parte do mundo.

Diante desse contexto precisamos resgatar a luta de classes como categoria de análise econômica. Precisamos sair do lugar comum de que o crescimento econômico beneficia a todos. Mais do que nunca precisamos questionar a natureza meritocrática e plutocrática do capitalismo. Precisamos questionar o motivo de remunerações monetárias exponencialmente diferentes para iguais necessidades sociais. Precisamos responder à questão de que se as condições produtivas e tecnológicas permitem porque ainda temos habitações, saúde, educação, cultura, transportes para uns e outros não, seja em termos nacionais ou em nível planetário. Precisamos questionar os motivos pelos quais as funções sociais são remuneradas de forma tão diferentes, se toda forma de trabalho é necessária, se toda função social representa uma forma de dignidade para quem a exerce. Enfim, por que muitos têm que ficar sem condições de satisfação mínima de suas necessidades sociais, enquanto outros acumulam uma incomensurável riqueza abstrata?

A luta de classes está mais do que nunca na ordem do dia. Precisamos redescobrir sua força e usá-la em favor de uma sociabilidade diferente. A luta de classes está presente em cada ambiente que vivenciamos. Está presente na nossa casa, na escola, no trabalho, no restaurante que frequentamos. Enfim, em todas as relações sociais vivenciadas porque ela é o ar que o capitalismo respira, é a energia que lhe dá vida, é a sua essência, é o seu segredo mais recôndito. Marx descobriu tal segredo quando revelou também um outro segredo, o segredo da exploração do trabalho assalariado no processo de produção. Vivemos uma "ficção jurídica", temos agora que rasgar esse último véu que nos cega para o mundo social, para eleger um Valor Social digno da nossa condição humana.

Como podemos realizar tal transformação? Não existe um caminho único, não pode ser realizada por mágica. Talvez a situação exija que comecemos pelos lugares do nosso cotidiano, tais como a própria família, o local de trabalho, a universidade, os espaços públicos etc.

Podemos questionar também dentro das empresas privadas. Podemos discutir sobre a função social das empresas. Podemos separar custos operacionais, custos totais, receita, lucros, fundo de investimento, o sobrante deveria constituir remuneração igual para todos os participantes.

Esta será a nossa última revolução, uma revolução econômica, que terá como resultado não o acobertamento escandaloso da luta de classes, como vivenciamos até essa quadra histórica do capitalismo. Mas, finalmente, a libertação do destino por ela a nós determinado, a nossa "emancipação humana", como um dia Marx a formulou.

> Até mesmo a democracia vulgar, que vê na república democrática o reino milenar e nem sequer suspeita de que é justamente nessa última forma de Estado da sociedade burguesa que a luta de classes será definitivamente travada, mesmo ela está muito acima desse tipo de democratismo, que se move dentro dos limites do que é autorizado pela polícia e desautorizado pela lógica (MARX, 2012a, p. 44)

Reestabeleçamos a lógica social. Reestabeleçamos a luta de classes como teoria e como política. Lutemos por uma revolução econômica: rendimentos monetários iguais para necessidades sociais iguais independentemente das funções sociais.!

5. O mito do desenvolvimento econômico capitalista

Furtado, em seu livro "O mito do desenvolvimento econômico, de 1974, já alertava para a ideia fantástica, dos economistas e das suas teorias econômicas sobre o tema; de que o desenvolvimento econômico, tal qual praticado pelos países de capitalismo "desenvolvido", poderia ser universalizado. O seu argumento é simples, mas bastante convincente.

> [...] Mais precisamente: pretende-se que os padrões de consumo da minoria da humanidade, que atualmente vive nos países altamente industrializados, são acessíveis às grandes de população em rápida expansão que formam o chamado Terceiro Mundo. Essa ideia constitui, seguramente, uma prolongação do mito do progresso, elemento essencial na ideologia diretora da revolução burguesa, dentro da qual se criou a atual sociedade industrial [...] (FURTADO, 1974, p. 8)

Praticamente, meio século depois, nossas teorias sobre o desenvolvimento econômico ainda caminham no mesmo sentido. Basicamente, todas as suas definições têm em comum a noção de desenvolvimento como um processo que relaciona transformação econômica com mudança social (melhorias das condições de vida), ou seja, estão inscritas na expansão histórica do capitalismo. Para explicar o processo de transformação econômica cada definição particulariza um certo conjunto de variáveis, tais como: produtividade do fator trabalho; progresso técnico; produção industrial (processo de industrialização); ativos baseados em conhecimento; mudança institucional; "mudanças espontâneas e descontínuas no canal do fluxo circular"; expansão das liberdades substantivas; crescimento econômico contínuo em ritmo superior ao crescimento demográfico com mudanças estruturais; diversificação produtiva; processo de enriquecimento dos países e dos seus habitantes.

As variáveis descritas acima e suas interrelações para explicar o desenvolvimento econômico são, de uma forma ou de outra, fundamentais para explicar a dinâmica do capitalismo; seja como um processo de reprodução continuada e ampliada, ou como um processo de ruptura, que altera para sempre uma determinada configuração produtiva e seu respectivo regime de acumulação de capital, embora sempre no contexto da própria sociabilidade capitalista. Apesar das menções a definições mais amplas como as de liberdade, instituições, enriquecimento do país e de seus habitantes, nenhuma delas toca na categoria relações sociais de produção.

Assim, nenhuma delas se propõe a resolver as questões relacionadas as formas de expropriação e de exploração, intrínsecas nas relações capitalistas de produção. Dessa forma, qualquer teoria do desenvolvimento que considere a reprodução das relações capitalistas de produção como normais e aceitáveis não pode ser validada como tal. Pode constituir uma teoria, pode explicar relações causais, mas não pode alterar a natureza fundamental das relações capitalistas de produção, dada pela lei geral da acumulação capitalista, como formulada por Marx.

> Na realidade, portanto, a lei da acumulação capitalista, mistificada numa lei da natureza, expressa apenas que a natureza dessa acumulação exclui toda a diminuição no grau de exploração do trabalho ou toda elevação do preço do trabalho que possa ameaçar seriamente a reprodução constante da relação capitalista, sua reprodução em escala sempre ampliada. E não poderia ser diferente, num modo de produção em que o trabalhador serve às necessidades de valorização de valores existentes, em vez de a riqueza objetiva servir às necessidades de desenvolvimento do trabalhador (MARX, 2017, p. 697).

Não é uma questão de negar a importância do progresso técnico, dos ideais de liberdade, igualdade, justiça, fraternidade etc, do enriquecimento material, da produção industrial. Enfim, de todas as melhorias e facilidades que se criaram para tornar a vida humana mais confortável, segura, saudável, por exemplo. É uma questão de observar que o progresso técnico, os ideais acima referidos, ou mesmo a revolução Técnico-Científico-Informacional, e seus desdobramentos no século XXI, foram e são utilizados como instrumentos de promoção da acumulação infinita de capital, para superar os limites que o próprio capitalismo se impõe, mas sem nunca alterar a natureza das relações sociais existentes. Temos, portanto, um paradoxo: os princípios básicos e gerais do desenvolvimento histórico do capitalismo contradizem os princípios básicos e gerais propostos pelas teorias do desenvolvimento econômico.

No atual estágio do capitalismo uma teoria do desenvolvimento deve ser carregada por uma necessidade intrínseca de revolução. Qualquer teoria do desenvolvimento tem que considerar em seus aspectos centrais o problema das relações sociais de produção. Precisamos realizar uma ressignificação completa da mercadoria, do dinheiro, do capital e da propriedade privada burguesa. Ressignificando, assim, a nossa própria noção de desenvolvimento econômico que deve estar relacionada, em última instância, ao igual atendimento das necessidades sociais para todos e cada um dos indivíduos de uma sociedade.

6. É possível superar a contradição entre antissocial e associal no ser social?

Continuamos a discussão do item anterior esclarecendo que o grau inédito de crise civilizatória pós-moderna, no sentido da potencial extinção da própria raça humana, por nossas próprias mãos e meios, tem no e sob o capitalismo – e suas metamorfoses –, a sua exata medida. Todavia, precisamos entender que o problema não se resume ao capitalismo ou a sua falta, ou ainda, a forma bastarda que assumiu no mundo colonizado.

Como afirmou Marx e Engels (2010, p. 40), no "Manifesto Comunista", "a história de todas as sociedades até hoje existentes é a história da luta de classes". Em seguida afirmam que:

> "[...] homem livre e escravo, patrício e plebeu, senhor feudal e servo, mestre de corporação e companheiro, em resumo, opressores e oprimidos, em constante oposição, têm vivido numa guerra ininterrupta, ora franca, ora disfarçada; uma guerra que terminou sempre ou por uma transformação revolucionária da

sociedade inteira, ou pela destruição das duas classes em conflito" (op. cit., 2010, p.40).

Marx, já na "Crítica da filosofia do direito de Hegel", de 1843, identifica o proletariado como a classe revolucionária que poderá restituir a dignidade humana, seja o que isso significar, a toda humanidade. Segundo ele, em relação a Alemanha, em particular, assim argumenta:

> Onde se encontra, então, a possibilidade *positiva* de emancipação alemã? Eis a nossa resposta: na formação de uma classe com *grilhões radicais*, de uma classe da sociedade civil que não seja uma classe da sociedade civil, de um estamento que seja a dissolução de todos os estamentos, de uma esfera que possua um caráter universal mediante seus sofrimentos universais e que não reivindique nenhum *direito particular* porque contra ela não se comete uma *injustiça particular*, mas a *injustiça por excelência*, que já não possa exigir um título *histórico*, mas apenas o título *humano*, que não se encontre numa oposição unilateral às consequências, mas numa oposição abrangente aos pressupostos do sistema político alemão; uma esfera, por fim, que não pode se emancipar sem se emancipar de todas as outras esferas da sociedade e, com isso, sem emancipar todas essas esferas – uma esfera que é, numa palavra, a *perda total* da humanidade e que, portanto, só pode ganhar a si mesma por um *reganho total* do homem. Tal dissolução da sociedade, como um estamento particular, é o *proletariado*" (op. cit., 2010, p. 156).

Marx, vinte e quatro anos depois, supõe encontrar, como historicamente, finalmente, ocorrerá o *reganho total* do homem; ainda, que exposta de forma um tanto apressada, descuidada e meio fora de contexto. Pois, consiste em alguns parágrafos no final do capítulo "A assim chamada acumulação primitiva", do livro I, de "O capital". Neste intervalo de tempo os dois violinos (Marx e Engels) tocaram de forma incessante tanto para criar uma metodologia revolucionária, – que auxiliasse na análise concreta do modo de produção capitalista –, quanto na própria análise da natureza da riqueza capitalista e suas contradições.

Marx, no item "Tendência histórica da acumulação capitalista", do capítulo sobre a acumulação primitiva, descreve o processo e o desfecho. Começa expondo a diminuição do número de magnatas (centralização dos capitais) pelas leis da concorrência e as implicações daí derivadas para totalidade social.

> Essa expropriação se consuma por meio do jogo das leis imanentes da própria produção capitalista, por meio da centralização dos capitais. Cada capitalista liquida muitos outros. Paralelamente a essa centralização, ou à expropriação de muitos capitalistas por poucos, desenvolve-se a forma cooperativa do processo de trabalho em escala cada vez maior, a aplicação técnica consciente da ciência, a exploração planejada da terra, a transformação dos meios de trabalho em meios de trabalho que só podem ser utilizados coletivamente, a economia de todos os meios de produção graças a seu uso como meios de

produção do trabalho social e combinado, o entrelaçamento de todos os povos na rede do mercado mundial e, com isso, o caráter internacional do regime capitalista. Com a diminuição constante do número de magnatas do capital, que usurpam e monopolizam todas as vantagens desse processo de transformação, aumenta a massa da miséria, da opressão, da servidão, da degeneração, da exploração, mas também a revolta da classe trabalhadora, que, cada vez mais numerosa, é instruída, unida e organizada pelo próprio mecanismo do processo de produção capitalista. O monopólio do capital se converte num entrave para o modo de produção que floresceu com ele e sob ele. A centralização dos meios de produção e a socialização do trabalho atingem um grau em que se tornam incompatíveis com seu invólucro capitalista. O entrave é arrebentado. Soa a hora derradeira da propriedade privada capitalista, e os expropriadores são expropriados (op. cit. 2017, p. 540-541).

A descrição feita por Marx sobre a concentração e a centralização de capitais, a "cada vez mais numerosa", "instruída, unida e organizada" classe trabalhadora, o "entrelaçamento de todos os povos na rede do mercado mundial", e sobre o aumento da revolta desta classe, constituiu uma realidade concreta de seu tempo. E nesta realidade "a hora derradeira da propriedade capitalista" parecia um evento histórico prestes a ocorrer. No entanto, a grande questão é que "a centralização dos meios de produção e a socialização do trabalho" não atingiram aquele "grau em que se tornam incompatíveis com seu invólucro capitalista". Não havia nenhum "entrave" a ser arrebentado neste sentido. Na verdade, os expropriadores com os novos avanços tecnológicos da Segunda Revolução Industrial (eletricidade, aço e motor a combustão interna etc), dobraram a classe trabalhadora com migalhas de modernidade, e algumas concessões trabalhistas, derivadas da inglória luta de classes. Afinal, com o próprio Marx, no livro I de "O capital", no capítulo "A jornada de trabalho", conclui: na luta de "um direito contra outro direito, ambos apoiados na lei da troca de mercadorias", ou seja, "entre direitos iguais, quem decide é a força", como anteriormente discutido. E, assim, continuou a ser por cada estágio de metamorfose do capitalismo (imperialismo, capitalista monopolista de Estado, capitalismo com dominância financeira), e seus respectivos regimes de acumulação correspondentes: fordista-keynesiano; flexível-financeirizado; e,

finalmente, a Quarta Revolução Industrial e seus desdobramentos. A não ser por alguns marcantes eventos históricos de contestação do capitalismo, entre os quais já citamos: Revolução Russa (1917); Revolução Chinesa (1949); Revolução Cubana (1959); Revolução Vietnamita (1945-1975); não esquecendo das lutas anticoloniais.

A grande questão é que a implantação do comunismo como um modo de produção e o sistema social dele resultante, embora tenha parecido promissor, também, como o capitalismo não entregou o resultado pretendido. Embora, por um lado, um país comunista como Cuba, apresente menos desnível social e desigualdades entre seus habitantes, tenha feito avanços em algumas áreas, como saúde e educação; por outro, apresenta, também, um conjunto de contradições internas (falta de liberdades políticas e direitos humanos; emigração; controle estatal rígido; falta de pluralismo político, etc). Outro grande problema para Cuba é o embargo econômico dos EUA, que causam muitos problemas para o país.

Quando nos voltamos para a China constatamos um outro conjunto de contradições de maior complexidade e em uma escala exageradamente ampliada. Seja em relação ao seu passado imperial, ao seu tamanho, e, principalmente, a partir da década de 1970, pela adoção de práticas capitalistas. Período que ficou conhecido como "Reforma e abertura", e que transformou a China, do século XXI, em uma potência econômica global capaz de disputar com os EUA o poder hegemônico mundial.

A China do século XXI combina elementos do socialismo com elementos do capitalismo em sua estrutura econômica e política e apresenta um conjunto de contradições que vão desde a exploração de sua colossal força de trabalho até problemas ambientais (semelhantes ao do próprio capitalismo: predação, exaustação, ou como diria Saskia Sassen, em seu livro "Expulsões: brutalidade e complexidade na economia global", de 2016, a produção de "terra morta e água morta").

Não é que a categoria luta de classes tenha deixado de ser válida para a análise econômica. Também não é sobre Marx estar errado, porque sua análise da natureza da riqueza capitalista (e, da consequente, autonomização do valor), continua sendo válida para explicar as leis de movimento do capitalismo pós-moderno. Não é, ainda, sobre a classe operária ter falhado nas Revoluções Comunistas do século XX. Sobre este último aspecto, por exemplo, pensar que uma classe, por ser destituída de toda e qualquer forma de dignidade humana, possa, ao assumir o poder, restituir dignidade a toda humanidade, parece um tanto ingênuo, nesta quadra histórica do desenvolvimento do pensamento crítico. Seria preciso um controle externo incomensurável (não humano) para conduzir e sustentar um processo pensado e conduzido nesses termos. Em outras palavras, seria necessário o estabelecimento de uma tirania só comparada a do capitalismo da era da acumulação digital-financeira.

Um outro aspecto da mesma questão colocada no parágrafo anterior, diz respeito a que parece existir duas dinâmicas das lutas de classes, que estão relacionadas ao estágio de progresso técnico do regime de acumulação de capital. As duas dinâmicas estão relacionadas as formas de subsunção do trabalho, formal e real. Por seu turno, o desenvolvimento da subsunção formal, do fordismo até a acumulação digital-financeirizada, implode a capacidade de luta da classe trabalhadora, ao tornar uma pequena parcela dessa classe beneficiária das conveniências do capitalismo, a qual desenvolve um sentimento de pertencimento mais próximo da classe expropriadora que da classe expropriada. Vocês leitores, em sã consciência, acham mesmo que um CEO se identifica mais com os proprietários do negócio ou com quem limpa o chão da fábrica ou do escritório? O comportamento da classe média, também, de forma geral, reflete o raciocínio anterior: ou ela está mais propensa a promover uma revolução para que todos tenham o direito e o dever, individual e coletivamente, tanto de comer quanto de limpar o chão.

Destarte, parece simplesmente absurdo pensar que numa fábrica do século XXI, um sujeito social (ou um grupo de "empresários"), seja porque implantou a empresa ou porque tem super habilidades ou superinteligência, ou o que for, sinta-se ou sintam-se à vontade para apropriar-se do produto social do trabalho. Enquanto um grupo de trabalhadores recebe uma remuneração na forma de salário, suficiente para somente sua reprodução como própria força de trabalho. Se todos são seres humanos com necessidades sociais semelhantes, a discriminação resultante das fontes clássicas de rendimento (capital, trabalho e terra), se torna moral e eticamente indefensáveis. Por que essa lógica continua a se reproduzir de forma perversa (antissocial e associal)?

Que fique claro, de uma vez por todas que, em nossa consciência aparente, a luta de classes apresenta-se como motor da história. No entanto, as metamorfoses do capitalismo, como discutido ao longo desta parte do livro, transformaram os termos do problema em favor do capital. De forma que seria necessário um evento grandioso, transformador, para dar novo sentido e nova direção (disruptiva) as lutas de classes no capitalismo. Em outras palavras, a lei geral da acumulação capitalista, em seu processo histórico, tanto reproduz o conflito de classes, quanto coloca esse conflito cada vez mais, e por diversos mecanismos (novas camadas de classe média, progresso técnico, robotização do trabalho humano físico e intelectual etc.), sob a administração do capital.

Chegamos, então, ao nosso ponto: é possível superar a contradição entre social e associal no ser social? Em que consiste tal contradição? Para encaminharmos uma pista para tais questionamentos precisamos perguntar porquê de nossa forma histórica de organização social, tanto no capitalismo quanto no comunismo (ou em qualquer outro antigo sistema), constituiu civilizações social-econômica-e-politicamente contraditórias.

Uma parte da resposta já estava em Darwin. Em sua monumental obra, publicada em 1859, "A Origem das espécies" (2005, p. 125), ele constatou que: "[...] as aves que cantam alegremente ao nosso redor vivem geralmente de insetos ou de sementes, e [...] assim estão constantemente destruindo a vida [...]". Esta simples afirmação possui uma força de grande alcance e significado para explicar o sentido e a forma de nossa civilidade ao longo da história.

O sentido implícito é que a vida, qualquer vida, só é vida porque é destruição. Na natureza selvagem, isto é, de todo evidente. A grandeza da vida aparece como um relâmpago de existência numa contradição de beleza inalcançável. A vida de animais selvagens, por exemplo, depende das vidas que eles destroem para se alimentar, como no exemplo de Darwin. A extensão de sua vida depende disso e esse é seu "trabalho", uma forma de atrasar o desfecho final de sua existência.

Por outro lado, a vida humana tem um quê a mais em relação ao conjunto de outros animais: a consciência e a correspondente capacidade de transformação (de nós mesmos e da natureza), que ela imprime ao nosso ser, a partir de nossos órgãos (capacidade e habilidade de planejar, produzir e reproduzir "coisas"). A consciência, também, como nossa capacidade de estar ciente de nós mesmos, do mundo ao nosso redor e de nossas próprias experiências, pensamentos, emoções e do aprendizado (transformação individual e social pelo trabalho e pela convivência social), delas derivado.

Destarte, existem três aspectos "ocultos" da consciência, que combinados podem ajudar a explicar a forma e o sentido de nossa civilidade ao longo da história. Percebamos que a exploração do trabalho social por indivíduos ou grupos é uma constante desde o início da história humana, sendo o capitalismo somente sua forma mais sofisticada e autodestrutiva de tal prática. Percebamos, também, que as revoluções comunistas e civilidade delas derivadas não deram conta do problema.

Os três aspectos "ocultos" de nossa consciência que nos impedem de promover uma civilidade diferente, são: a brevidade temporal da vida (a possibilidade de morte a qualquer tempo de nossa existência e todo comportamento egoísta a ela associado), incerteza permanente (instabilidade, imprevisibilidade e insegurança); e racionalidade limitada (apesar de nós seres humanos termos a capacidade de tomar decisões racionais, somos limitados em nossa capacidade cognitiva e emocional). Essa combinação parece representar (e explicar muito) a forma e o sentido da nossa civilidade ao longo da história, independentemente das relações de produção estabelecidas para produção e reprodução de nossas condições de existência.

Na sociedade humana o trabalho constitui nossa forma de atrasar a chegada do nosso último destino (produzindo melhores condições de existência, por exemplo). No entanto, diferentemente da natureza selvagem, o trabalho humano não se esgota no instante da sua realização. A nossa capacidade de raciocínio nos permite acumular trabalho e criar produtos (meios de produção, infraestrutura, cidades, megacidades) que nos proporcionam uma falsa sensação de eternidade. Dessa forma, o trabalho humano se torna o bem mais precioso, motivo de cobiça e de toda sorte de formas apropriação, exploração e expropriação, possíveis e imagináveis, em qualquer nível de interação humana.

No cotidiano de nossa existência estas três dimensões "ocultas" da consciência tornam o ser social antissocial e associal, em todas as dimensões das interações sociais que pudermos imaginar: família, escola, trabalho, bairro, cidade, região, país, mundo. Estas três dimensões da consciência somente adquirem outra direção diante de eventos que representem para as interações sociais, acima descritas, a ideia de um objetivo comum e/ou uma ameaça imediata (ou desafio, talvez), e/ou que ponha em risco a integridade, a segurança, ou outro aspecto qualquer, de um tipo de agrupamento social que foi colocado em jogo.

Não estamos negando a existência de sentimentos e comportamentos relacionados ao amor, bondade, caridade, solidariedade, cooperação, fraternidade etc. Todavia, afirmamos que diante das dimensões ocultas da consciência, por nós identificadas e, perante os problemas existenciais do dia a dia da realidade concreta, esses sentimentos e comportamentos somente foram suficientes para promover um nível de civilidade contraditório e problemático. Smith, em sua obra "A teoria dos sentimentos morais", de 1759, propôs a tese de que uma sociedade harmoniosa estaria sendo construída sob a égide da "simpatia" e do "espectador imparcial" (princípios morais). Mas, ao publicar, em 1776, "A riqueza das nações", observou que o princípio correto para a "ordem e a harmonia sociais" e para se atingir o "melhor dos mundos" seria menos romântico e mais monetário: o autointeresse. O princípio autorregulador da sociedade perdeu seu conteúdo moral e assumiu uma dimensão econômica, porém, fantasmagórica, invisível, mas de poder avassalador no contexto da generalização das trocas mercantis. Assim, o princípio da mão invisível passa a responder diretamente pela promoção da eficiência, do benefício social e da ordem e harmonia sociais. A formulação dada por Smith ao interesse, sintetizado no princípio da mão invisível, praticamente suplantou toda discussão sobre o assunto, tendo assumido a dimensão de um dogma econômico, político, social, cultural e moral, no século XX, como discutido no capítulo 2.

Porém, como demonstram Marx e Engels no "Manifesto comunista" a liberdade econômica no capitalismo "substituiu as numerosas liberdades" por "uma única liberdade sem escrúpulos: a do comércio". Se a sua capacidade de devastação da civilidade entre as interações sociais já se revelara dessa forma, para Marx e Engels, no capitalismo do século XIX, tal dimensão foi elevada a enésimo potencial no início do século XXI. Para expressar o que foi discutido acima vale muito a pena a leitura da citação como um todo:

> Onde quer que tenha conquistado o poder, a burguesia destruiu as relações feudais, patriarcais e idílicas. Rasgou todos os complexos e variados laços que prendiam o homem feudal a seus 'superiores naturais', para só deixar subsistir, de homem para homem, o laço

frio do interesse, as duras exigências do 'pagamento à vista'. Afogou os fervores sagrados da exaltação religiosa, do entusiasmo cavalheiresco, do sentimentalismo pequeno-burguês nas águas geladas do cálculo egoísta. Fez da dignidade pessoal um simples valor de troca; substituiu as numerosas liberdades, conquistadas duramente, por uma única liberdade sem escrúpulos: a do comércio. Em uma palavra, em lugar da exploração dissimulada por ilusões religiosas e políticas, a burguesia colocou uma exploração aberta, direta, despudorada e brutal.

A burguesia despojou de sua auréola todas as atividades até então reputadas como dignas e encaradas com piedoso respeito. Fez do médico, do jurista, do sacerdote, do poeta, do sábio seus servidores assalariados.

A burguesia rasgou o véu do sentimentalismo que envolvia as relações de família e reduziu-as a meras relações monetárias (op. cit., 20010 p. 42).

Se pensarmos no porquê mantemos a distinção das fontes de riqueza entre capital, terra e trabalho, e os tipos de rendimentos delas derivados, bem como de seus desdobramentos sociais (reprodução permanente de duas classes com acessos distintos ao produto social do trabalho), veremos claramente em atuação a combinação do oportunismo permanente gerado pela brevidade da vida, pela incerteza e pela nossa racionalidade limitada.

Nesse sentido, a única solução possível para criamos uma sociabilidade (civilidade) diferente de todas as já estabelecidas, e por estabelecer, está em reconhecer essas dimensões ocultas de nosso comportamento humano e, trabalharmos, em todos os âmbitos das ciências, para que, finalmente, abandonemos, de uma vez por todas, a exploração do homem pelo homem, e construamos uma sociedade humana, conscientemente humana.

O trabalho pode ser o fundamento ontológico do ser social. A história humana pode ser explicada pela luta de classes. Mas, são as três dimensões "ocultas" de nossa consciência, que de forma implícita (inconsciente) determinam (em sentido dialético e não determinista), a forma e o sentido de nossa civilidade, sob qualquer forma de relações sociais e seus respectivos modos de produção da vida material. Finalmente, a partir desse entendimento podemos deixar a nossa condição pré-histórica, e adentrarmos, finalmente, na história humana, uma história conscientemente humana, "emancipatoriamente" humana, plenamente livre de qualquer forma de exploração, opressão, expropriação, limitação e comportamento predatório perante nós mesmos e a natureza. Uma sociedade com uma civilidade formal e real baseada na justiça social, na liberdade e na equidade, entre sujeitos sociais e entre diferentes sociedades.

APÊNDICE

Palestra proferida na XVII Semana de Economia da Universidade Regional do Cariri (URCA), realizada em setembro de 2017.

Transformações Socioeconômicas no Nordeste em Tempos de Crise

Introdução

O nosso tema desta noite refere-se as transformações socioeconômicas no Nordeste em tempos de crise. Muito bem! O termo, transformações socioeconômicas, está dentro da temática do desenvolvimento e podemos associá-lo a: diferenciação econômica; desenvolvimento de novos setores; desenvolvimento da divisão social do trabalho; industrialização; melhoria das condições de vida, de trabalho, de moradia etc, etc, etc.

No capitalismo as transformações socioeconômicas originam-se de duas grandes causas. No âmbito da transformação econômica, produtiva, tecnológica, temos a ação das "leis coercitivas da concorrência capitalista", que através do processo de acumulação incessante revoluciona constantemente as forças produtivas da sociedade. Inclusive promovendo as infraestruturas necessárias para o processo de acumulação. No âmbito social temos a longa luta da classe trabalhadora, seja pelo uso da força, seja pelo apelo as leis, para regular a jornada de trabalho, implementação de políticas sociais e de infraestrutura social (habitação, saúde, educação etc, etc, etc)

Portanto, de forma geral as transformações têm como fundamento a luta de classes em torno da distribuição do produto e do excedente. Essa luta de classes apresenta-se de forma velada, tácita, na sociedade capitalista sendo revelada em toda sua plenitude apenas em momentos de crise.

Nesses termos, para tratar do tema proposto precisamos partir do delineamento do contexto nacional (de crise). Primeiramente, derivada de uma crise econômica de natureza capitalista em termos globais. Em segundo lugar, uma crise derivada da luta de classes no Brasil, em torno da distribuição do produto e da apropriação privada do Estado. É nesse contexto, portanto, que se insere a dinâmica do desenvolvimento regional no Brasil contemporâneo.

Comecemos pela crise.

A crise

Estamos ainda envoltos pela pior crise financeira e recessão econômica desde a grande depressão. Os BRICS que funcionaram como colchão de amortecimento dessa crise também passaram a enfrentar dificuldades. China, produção desacelerada e dívidas; Rússia queda dos preços do petróleo, por exemplo. Mas em nenhum outro lugar as dificuldades apareceram como no Brasil. Aqui observamos que a crise não só é de natureza econômica, como uma crise qualquer do capitalismo, mas principalmente de natureza política-classista. Política no sentido da natureza e objetivos do sistema eleitoral e da representação política, que não tem sido tratada através de uma reforma política, que não entraremos aqui na discussão, apesar da sua relevância.

Política-classista, no sentido da luta de grupos políticos pelo poder, pelas propriedades e pelo dinheiro do Estado. Repare que estamos falando de grupos políticos e não de partidos, porque no Brasil a política passou a ser comandada pelo puro interesse econômico (particulares e empresariais), e pelo aproveitamento tipo free-rider (desvio de dinheiro público, apropriação de propriedades do Estado, beneficiamento de grandes empresas), em lugar de uma condução política para a sociedade. A luta de classes assume no Brasil contemporâneo tons da época da acumulação primitiva inglesa. Os objetivos políticos, de forma geral, são a apropriação e uso das propriedades do Estado (para promoção do grande capital industrial, financeiro, do agronegócio e imobiliário), e a manutenção do salário em nível de subsistência.

A expressão dessa luta de classes no Brasil apareceu de forma límpida na disputa presidencial de 2014. Ela revelou uma polarização regional nunca vista, com sul e sudeste industrializado, voltando-se contra Dilma, e com o Nordeste, apoiando-a de forma massiva (72%). Mas, revela-se principalmente quando observamos a evolução do salário mínimo real no Brasil. Na primeira vez na história do Brasil em que o salário recebeu ganhos reais, da ordem de 325%, no governo Vargas, década de 1950, assistimos a morte de um presidente, o suicídio de Vargas, em 24 de agosto de 1954. Na ditadura um dos objetivos explícitos da política econômica era reduzir os salários em termos reais para aumentar a margem de retorno capitalista (queda de 46% até 1985). Na segunda vez, que só acontece depois do processo de redemocratização do país, assistimos a derrubada de um presidente, na forma de um espetáculo teatral trágico. Desde o real, mas principalmente a partir do governo Lula, aumento real de 136%. Isso revela claramente uma alteração na composição do capital e da distribuição da renda. É emblemático que as duas vezes que isso acontece no país seja em períodos que envolvem algum grau de democratização. Ricardo Antunes (Unicamp), Armando Boito, José Paulo Neto (Cientista social da UFRJ), afirmam que isso representa um uma relação de ódio dos ricos pelos pobres no Brasil, acrescentamos um traço sociocultural de uma nação colonial-escravista. Para José Paulo Netto, não mais do que uma centena de famílias mandam no Brasil. É um poder econômico e político tão concentrado, que sem reforma política e outras reformas, é difícil mudar os rumos do país. Quando a senzala chega à casa grande, pode até chegar, mas permanecer, aí é outra coisa. As nossas classes dominantes são muito excludentes, extremamente excludentes, como diz Ricardo Antunes (sociólogo). Pensem na abolição da escravatura, quem foi assalariado? Os negros recém libertados ou os imigrantes?

Podia até permanecer, mas não o fez e veremos porquê. Para ele o partido dos trabalhadores (PT) teve 3 mandatos para fazer reforma política, tributária, agrária, reforma urbana. Esperanças desfeitas, o que nos dá uma herança muito contraditória. Mas não vou entrar nessa discussão.

Mas, o problema para regiões mais frágeis economicamente é que quando a economia cresce fortemente essas regiões recebem estímulos de tal ordem que crescem muito mais que a economia principal, mas em períodos de crise, esta também as atinge de forma mais dura, os mecanismos de defesa e recuperação são muito mais frágeis.

Voltemos ao primeiro mandato de Dilma para entendermos melhor o contexto da crise. Depois da crise de 2008, a economia mundial vem passando por um período de recuperação. Todavia quando olhamos para as taxas de crescimento do Brasil, a situação é bem diferente. A nossa tese é a de que o crescimento do Brasil, na primeira década do século XXI, ao promover uma melhoria na distribuição de renda no Brasil provocou uma reação nas elites brasileiras, que diante de um quadro de crise econômica mundial, para redimensionar os rumos dessa redistribuição, implementaram um processo de impeachment para reorientar o Estado. De um Estado neoliberal soft (segundo governo Dilma) para um estado neoliberal hard.

Voltemos a 2011

Os estímulos externos acabaram. Situação que vigorou entre 2005 e 2011. A partir de 2011, os preços das principais mercadorias comercializadas externamente pelo país entraram em colapso: minério de ferro, soja etc. O que inviabilizou a continuidade do modelo petista de crescimento baseado: 1) super ciclo de aumento de preços das commodities (efeito China) e; 2) estímulo do consumo doméstico, via crédito, principalmente. Não podemos negar a importância dos programas sociais e do aumento do salário mínimo no consumo. E reagindo ao fim da bonança do comércio exterior, o consumo doméstico também entrou em declínio.

Ao assumir o governo, Dilma, instituiu uma política de controle contra o superaquecimento da economia que impactou de maneira negativa no crescimento. Para reverter essa trajetória criou logo em seguida um pacote de medidas priorizando investimentos. Nesse sentido, as taxas de juros foram reduzidas, a moeda se desvalorizou e foi imposto algum controle sobre o movimento de capital. Foram medidas importantes, mas também implementadas de forma um tanto ditatorial.

Medidas que não surtiram efeito, pelo contrário, a economia desacelerou de um crescimento de 2,72%, em 2011, para mero 1%, em 2012.

O grande desalento de Dilma está em 2012. Ao adotar medidas antirentismo e em favor dos investimentos (um recuo histórico no patamar da taxa de juros, de 2% dos juros no final de 2012). Dilma desafiou a maior força econômica do país atualmente, as finanças. A capitalização combinada dos dois maiores bancos privados, Itaú e Bradesco, é hoje 2 vezes maior do que da Petrobrás e da Vale, as 2 principais empresas extrativas do país. Sem falar do peso dos fundos de pensão, que hoje representam o 6º bloco de fundos de pensão do mundo. Neste momento ela traça a retomada das elites a condução da nação, o fim da hegemonia às avessas, como tão bem explicou Chico de Oliveira. Aquele fenômeno curioso em que a direção do Estado é deixada para "os de baixo", mas que governam por intermédio de um programa das elites.

É bom que se entenda que o que está em jogo no Brasil não é um mero ajuste fiscal. É sim, a mudança de um modelo social pactuado com a constituição de 1988. Que ensaiou um processo de democratização no país, a partir de uma série de direitos sociais, civis, políticos, e a ideia da cidadania social. Mas, o Brasil também constituiu um grupo de ricos que não aceitam isso.

Pois bem, a inflação volta a ameaçar o país. Em abril de 2013, já ultrapassava os 6%. O que fez com que o Banco Central voltasse a aumentar a taxa de juros, o que afetou a base da nova matriz econômica baseada em investimentos e subsídios a grandes empresas.

O crescimento da economia foi praticamente zero, em 2014, mas o desemprego e os salários ainda permaneciam estáveis.

É contra esse cenário que aconteceu a reeleição de Dilma. Apesar do contínuo ataque ideológico da imprensa, ela conseguiu chegar à vitória.

Quem ela colocou como ministro da fazenda? Joaquim Levy, um ortodoxo, com visão neoliberal orientado em Chicago, simplesmente o diretor da gestão de ativos do segundo maior banco privado do Brasil, Bradesco. Seu papel: reduzir a inflação e restaurar a confiança.

Políticas adotadas

Corte nos gastos sociais, redução do crédito dos bancos públicos, leilão propriedades do Estado e aumento dos juros e de impostos para trazer o orçamento de volta a uma situação de superávit primário.

Resultado

Como a economia já se encontrava estagnada, o efeito desse pacote foi mergulhar o país numa recessão generalizada: queda nos investimentos, salário diminuindo e desemprego dobrando.

Quando o PIB se contrai as receitas fiscais também diminuem, o que piora mais ainda o quadro de déficit e dívida pública.

Portanto, a deterioração econômica foi resultado de uma política econômica neoliberal, o contrário do que Dilma prometera na campanha. O governo a esquerda tinha se tornado de orientação neoliberal para tentar equacionar a crise.

Que tipo de apoio o governo poderia esperar? Entrávamos naquele momento também em uma ampla campanha midiática anticorrupção, e estávamos em uma economia de mal a pior.

Os sindicatos, ainda que mais ativos no governo Dilma, eram apenas uma sombra do seu antigo passado.

Os pobres seguiram sendo beneficiários passivos do governo. Este nunca se dispôs a educá-los ou organizá-los, muito menos mobilizá-los em torno de uma força coletiva (o consumo privado cresceu sem amarras e às custas dos gastos das políticas sociais distributivistas).

Movimentos sociais – dos sem-terra e dos sem-teto – foram mantidos distantes do governo.

Também não existiu uma verdadeira política de redistribuição de riqueza ou de renda: a estrutura tributária regressiva que penaliza os pobres e deixava os ricos intocados, foi mantida.

Esse contexto, explica a crise econômica e todas as suas mazelas, explica a dificuldade de condução política em períodos de crise, e até a impopularidade da presidente. Todavia, não a sua substituição, não o seu impeachment.

Isso se deve a luta de classes no país. Uma luta de classes que se torna emblemática. Porque à diferença da luta de classes clássica, capitalistas contra trabalhadores assalariados, temos um elemento novo relacionado a intermediação política, que também se torna um elemento ativo no processo de acumulação de capital. De forma tão agravante para o desenvolvimento ou o aumento do grau de civilidade no Brasil, como foi a acumulação primitiva para o desenvolvimento do capitalismo. A desapropriação, a expropriação, o uso fraudulento do Estado, o retrocesso em termos de proteção social, leis trabalhistas e cidadania. Tudo isso reflete um estágio muito débil do grau de civilidade do nosso país, infelizmente.

Processo que podemos denominar, ainda que muito grosseiramente, de acumulação pela via política. Processo no qual a política assume uma forma de enriquecimento de certos grupos em detrimento da autonomia nacional e do desenvolvimento social. Esta forma de acumulação tem uma relação direta com o processo geral de acumulação de capital no Brasil, uma das suas marcas á a apropriação e uso de propriedades do Estado. Exemplo disso é a expansão da Petrobrás (construção de novas refinarias, petrolíferas, poços, plataformas, complexos petroquímicos) que tem beneficiários certos: oferecendo vastas oportunidades para grandes retribuições e estabelecendo um esquema de grandes proporções para o processo de acumulação de capital no país. Os leilões, por exemplo, são tomados por um verdadeiro cartel composto pelas principais empreiteiras do país, nos contratos eram cobrados a partir de grandes somas de dinheiro que iam direto para os bolsos dos diretores da Petrobrás e para os partidos políticos que estivessem envolvidos – calcula-se cerca de 3 bilhões de dólares em subornos.

A política partidária brasileira assume, portanto, duas dimensões para o processo de acumulação. Primeiro, assegurar a sua reprodução, da pior forma política possível. A grande maioria dos partidos, cujos números aumentam a cada eleição (atualmente há 28 partidos com representação no Congresso), não possuem qualquer coerência política; o que dirá disciplina política. O seu propósito é simplesmente assegurar favores dos chefes do Executivo diretamente para os seus bolsos e, claro, dar algum retorno para assegurar a reeleição de seus correligionários, oferecendo aos governos votos favoráveis nas diferentes câmaras. A segunda, proporcionar oportunidades para o capital a partir do uso e apropriação fraudulenta das propriedades do Estado.

Essa prática não é novidade. O que é novidade é a dimensão que assume no país. A acumulação via política remete a compra do legislativo, do executivo pelo grande capital. Bem como a compra do legislativo pelo executivo para fins políticos e econômicos. Essa prática de compra de voto para questões nacionais remete a emenda constitucional para reeleição de FHC.

Quando Lula foi finalmente eleito em 2002, o método tradicional de comprar apoios distribuindo ministérios e cargos de confiança foi inicialmente rejeitado pelo partido por receio de que poderia neutralizar o momento progressista que se criara (presidencialismo de coalizão).

A decisão foi de costurar um grupo de apoiadores de uma densa camada de partidos pequenos, sem conceder assim muito terreno para um deles em específico, mas pagando-os com dinheiro, em troca de apoio na câmara num esquema de propina, criando assim um sistema de estímulos materiais para cooperações dentro do Congresso, usando de mesadas para não usar de posições dentro do governo.

Quando o escândalo estourou, em 2005, por muito pouco Lula não perdeu o mandato. Sobreviveu e foi reeleito. Mas, agora não havia outra escolha, tinha de aceitar os acordos. O PMDB entrou então no bloco do governo garantindo assim alguns importantes ministérios e postos centrais no Congresso, e assim permaneceu até o primeiro mandato de Dilma, e, no primeiro ano do segundo mandato.

Todos conhecemos o oportunismo do PMDB. Mas existia algo maior, que faria o mensalão parecer fichinha. A apropriação política da Petrobrás, que é apenas o exemplo mais óbvio pela divulgação da lava jato é apenas um dos aspectos da apropriação do Estado. Tem muito mais no BNDES. Por trás de uma política importante que se relaciona ao crédito de longo prazo para grandes empresas nacionais, vigora um esquema que distorce os objetivos dessa política e a transformam num dos fundamentos da concentração de riqueza e renda nacional. Isso ninguém fala. Mas o que importa é que com a apropriação da Petrobrás apaga-se completamente os limites entre fundos de campanha, o enriquecimento pessoal e de poderosos grupos econômicos.

As retribuições eram utilizadas para financiar as campanhas, o aparato do partido, o enriquecimento ilícito e a criação de oportunidades para o capital.

Até 2013, a companhia desfrutou da costumeira impunidade oriunda da riqueza e do poder no Brasil.

O escândalo da Lava Jato estourou de fato, em 2014, e sucessivas prisões e acusações chegaram às manchetes durante a corrida presidencial.

Aí, temos outro problema bastante grave, a politização do judiciário. A midiatização da lava jato transformando juízes em estrelas de seriados americanos policiais. Mas não só isso, o vazamento de informações de forma seletiva, no sentido de desestabilizar o governo eleito. Mas não era só a questão do impeachment, era a destruição de Lula e do PT para abrir o caminho para a vitória do PSDB, para 2018, que voltaria a orientar o país novamente para uma "modernização responsável". O Estado neoliberal mínimo.

A imparcialidade da operação de Moro caiu por 3 situações. A 1ª, a condução coercitiva de Lula com cobertura espetaculosa da imprensa. A 2ª, o posicionamento do Juiz frente ao impeachment nas manifestações. E, mais grave, feriu o princípio da confidencialidade que supostamente protegia as comunicações do chefe do executivo. Ele celebrou os vazamentos seletivos para a mídia como forma de 'pressão sobre os acusados', usados quando 'os meios legítimos não podem ser atingidos por outros métodos'.

"O perigo de ter um Judiciário atuando nesse espírito é o mesmo no Brasil do que foi na Itália dos anos 1990: uma campanha absolutamente necessária contra a corrupção se torna tão infectada com o desdém pelo devido processo, com um conluio tão inescrupuloso com a mídia, que ao invés de instalar qualquer nova ética de legalidade, ela acaba confirmando o longo desrespeito social pela lei."

Portanto, no Brasil o conflito de classes amplificou uma crise econômica e a transformou numa luta pela apropriação do Estado, na segunda década do século XXI. Em nenhum lugar isso foi tão unilateral como no Brasil. O Partido dos Trabalhadores acreditou, durante determinado período, que ele poderia se valer da ordem institucional brasileira para beneficiar os pobres sem prejudicar os ricos – e até mesmo contando com a ajuda deles. E de fato houve benefícios aos pobres. Mas quando o PT quis tornar-se um enclave no Estado... Aí não, aí a elite não aceitou. É pena que a nova sociedade brasileira que se conformava no início do século XXI, tenha sido abortada de forma tão surreal. É pena que governos de direção esquerdista tenham se promiscuído de forma tão vergonhosa com o grande capital. É pena que o Brasil continue uma construção interrompida como bem nos alertava Celso Furtado. Porque agora até a esquerda é corrupta nesse país, ou ganhou esse símbolo se igualando aos demais. É claro que não é assim, sabemos que ainda há sujeitos sociais de esquerda e partidos que continuaram a luta pela democracia e pela justiça social.

Assistimos a um golpe teatral. O novo regime liderado pelo vice-presidente que preparou o caminho alguns meses atrás do impeachment, criando um programa para deixar claro que o país estaria seguro assim que ele assumisse.

Seu pacote trata-se de um plano de estabilização convencional, agilizando privatizações, reforma da previdência e abolindo os gastos constitucionais em saúde e educação, acompanhados de promessas de cuidar dos menos afortunados. Está garantindo o retorno da confiança do mercado, isso certamente tem trazido melhorias aos indicadores econômicos feitos pelos mercados financeiros, não importa o quanto isso custe aos assalariados e aos pobres.

Para Perry Anderson, chegamos ao fim de uma exceção global, uma década e meio de governos heterodoxos na América do Sul. O capitalismo com dominância financeira afirma-se de forma cada vez mais dominante com uma ampliação cada vez maior da polarização social. A fera do capital fictício levará o mundo a um padrão de violência inimaginável? O que virá depois é totalmente imprevisível. Uma nova sociedade? Uma barbárie? Não sabemos, mas pela combinação explosiva construída pelo novo regime de acumulação com dominância financeira não visualizamos um sinal de mudança positiva no horizonte. Nesses tempos de crise econômica capitalista mundial, a situação ainda se torna mais preocupante para nós, visto que o conflito distributivo promove uma involução econômica, política, social, enfim, uma redução no grau civilizatório do nosso país.

Nordeste

A retomada das políticas públicas na primeira década do século XXI, em especial as políticas federais promoveram mudanças importantes para o Nordeste. Em termos de políticas nacionais, com importantes rebates regionais, temos a elevação do salário mínimo, as políticas sociais, política de crédito ativa; o valor do rendimento médio das famílias residentes no Nordeste cresceu 5,6% a.a., quando a média nacional foi de 4,5%, e no Sudeste essa taxa foi de 3,9%, (o Nordeste, por concentrar mais de metade da população muito pobre do país, capta 55% dos recursos do programa Bolsa Família). Todas tendo como resultado uma elevação importante do emprego e do consumo interno, principalmente, nas regiões menos desenvolvidas do país. Basta observar que as vendas no varejo, entre 2005 e 2012, no Nordeste crescem acima da média nacional. Todavia, essa é uma condição necessária, mas não suficiente para o desenvolvimento nacional com redução das disparidades regionais. Representa um grau maior de monetização da economia, representa uma ampliação do mercado interno regional, mas são ganhos que podem ser revertidos tão logo as condições favoráveis deixem de existir, como passa a ocorrer agora. Para garantir a continuidade do processo é preciso garantir o dinamismo não só do consumo, mas também do investimento, variável chave do crescimento econômico.

E nesse sentido o PAC contribui de forma importante. Citemos as obras da transposição e da Transnordestina que alteram de forma importante a infraestrutura regional. Mas, as duas correm risco de não mudar de forma tão decisiva a cara do Nordeste. Na Transnordestina lá se vão 11 anos e R$ 6,2 bilhões gastos de uma obra orçada em R$ 4,5 bilhões e apenas 52% de conclusão. A transposição corre o risco de ser gerida de forma privada, além de outros problemas de natureza estrutural da obra.

De qualquer forma, esse contexto, apesar da ausência de uma política regional, promoveu vários investimentos importantes no Nordeste, que configuram uma nova base econômica regional.

Citamos:

A política de compra e expansão de refinarias pela Petrobras que leva estaleiros refinarias para vários estados do Nordeste.

Citamos:

hidrelétrica (MA), plantas de energia eólica (BA, PI, CE e RN), refinarias (PE e CE), estaleiros (PE, AL, BA e MA), siderúrgicas (MA e CE), indústrias de celulose (MA e BA), indústria automotiva (PE) e petroquímica (PE), entre outros.

Essas políticas contribuíram para que no período 2003-2010, as taxas de crescimento da economia do Norte (5,4%), do Centro-Oeste (5%) e do Nordeste (4,9%) fossem mais elevadas que à média nacional (4,4%) e que às do Sudeste (4,5%) e Sul (3,4%), segundo dados do IBGE.

Destacamos também a dimensão urbana do crescimento recente do Nordeste. Poderíamos falar do crescimento de cidades médias e do peso da rede de cidades que passa a assumir nesse processo. Mas, preferimos visualizar tal dimensão citando uma variável que tem importância fundamental para os rumos do país, que é a interiorização do ensino superior. Precisamos de alguma forma garantir sua continuidade porque tal política reflete claramente uma chave para renovação social, política e econômica do país. Ela representa como a Professora Tania Barcelar alerta uma diretriz de firme enfrentamento das diferenças regionais como jamais visto no país. Em 2002, tínhamos 43 campi, em 2010, 230 campi, marcando claramente uma tendência à interiorização e à desconcentração regional. A presença desses campi em cidades médias não somente tem um impacto imediato e significativo na vida cultural, mas também dinamiza o comércio e os serviços locais. Por outro lado, contribui também para reduzir o hiato de qualificação existente entre a mão de obra nordestina e a das regiões mais avançadas do país.

Em termos de transformações socioeconômicas, destacamos como a mais importante, dentre as acima citadas, e apesar de todo processo de expansão desigual e combinado do capitalismo nacional, a redução da miséria. Esta sim, foi de fato uma das mudanças mais relevantes observadas nos anos recentes. Mas, não de graça, o Brasil está pagando o preço por isso e uma possibilidade de reversão não é de todo descartada.

Vale lembrar que tudo isso, ou melhor todo o desenvolvimento regional, todo o desenvolvimento do Nordeste, representa apenas uma gota d'agua no oceano da desigualdade regional brasileira.

"Vale lembrar que o Nordeste respondia por 12,4% da economia do país em 2000 e, com todas as mudanças aqui destacadas, respondia por 13,4%, em 2010. Ou seja, em dez anos ganhou apenas um ponto percentual, mas continua abrigando quase 28% dos brasileiros em seu território. Assim, o rendimento domiciliar médio mensal no Nordeste não chega a representar dois terços da média nacional e é cerca de 55% da média do Sudeste, segundo dados do Censo Demográfico de 2010."

Portanto, nada está garantido. Gostaria de terminar citando Marx e Engels. Em A Ideologia Alemã, escrita entre 1845 e 1846, Marx e Engels, afirmam que:

"[...] no desenvolvimento das forças produtivas chega-se a uma fase em que surgem forças produtivas e meios de intercâmbio que, no quadro das relações existentes, apenas causam estragos e não são mais forças produtivas, mas forças destrutivas (maquinaria e dinheiro) [...]".

Esta formulação chega aos nossos dias como uma verdade que se mantém rigorosamente irredutível.

A continuação do capitalismo, sob o regime de acumulação com dominância financeira, não representa o fim da história, não trará conforme promete o neoliberalismo a democracia, a liberdade, a economia de mercado e o bem-estar, trará talvez a 'destruição do ser'" e da natureza. É preciso reconsiderar os conteúdos da vida, precisamos formular um novo enfoque para o desenvolvimento, que tenha como centro e fundamento a vida humana e seus conteúdos, não como mera retórica, mas como sentido último.

Obrigado.

7. Referências

APPADURAI, Arjun. Fadiga da democracia. In: APPADURAI, Arjun *et al.* A grande regressão: um debate internacional sobre os novos populismos e como enfrentá-los. São Paulo: Estação Liberdade, 2019.

BAUMAN, Zygmunt. Sintomas à procura de um objeto e um nome. In: APPADURAI, Arjun *et al.* A grande regressão: um debate internacional sobre os novos populismos e como enfrentá-los. São Paulo: Estação Liberdade, 2019.

BELLUZO, Luiz Gonzaga. Os antecedentes da tormenta: origens da crise global. São Paulo: Editora Unesp; Campinas, SP: FACAMP, 2009.

BRAGA, José Carlos de Souza. Financeirização global: o padrão sistêmico de riqueza no capitalismo contemporâneo. In: TAVARES, Maria da; FIORI, José Luís. Poder e dinheiro: uma economia política da globalização. 4ª ed. Rio de Janeiro: Vozes, 1997.

CARCANHOLO, Reinaldo A; NAKATANI, Paulo. O capital especulativo parasitário: uma precisão teórica sobre o capital financeiro, característico da globalização. Ensaios FEE, Porto Alegre, v. 20, 1999.

CHESNAIS, François. A mundialização do capital. São Paulo: Xamã, 1996.

_____. A teoria do regime de acumulação financeirizado: conteúdo, alcance e interrogações. Economia e Sociedade, Campinas, v. 11, n. 1 (18), p. 1-44, jan./jun. 2002.

ENGELS, Friedrich. Anti-Dühring: a revolução da ciência segundo o senhor Eugen Dühring. São Paulo: Boitempo, 2015.

_____. Do socialismo utópico ao socialismo científico. 2ª ed. São Paulo: Centauro, 2005.

FURTADO, Celso. O mito do desenvolvimento econômico. 3ª ed. Rio de Janeiro: Paz e Terra, 1974.

HOBSBAWM. Eric J. Da revolução industrial inglesa ao imperialismo. 5ª ed. Rio de Janeiro: Forense Universitária, 2009.

LOSURDO, Domenico. A luta de classes: uma história política e filosófica. São Paulo: Boitempo, 2015.

MARAZZI, Christian. A violência do capitalismo financeiro. In: FUMAGALLI, Andreia; MEZADRA, Sandro (Orgs). A crise da economia global: mercados financeiros, lutas sociais e novos cenários políticos. Rio de Janeiro: Civilização Brasileira, 2011.

MARX, Karl; ENGELS, Friedrich. Manifesto do partido comunista. São Paulo: Boitempo, 2010a.

_____. Lutas de classes na Alemanha. São Paulo: Boitempo, 2010b.

_____. A ideologia Alemã: crítica da mais recente filosofia alemã em seus representantes Feuerbach, B. Bauer e Stirner, e do socialismo alemão em seus diferentes profetas (1845-1846). São Paulo: Boitempo, 2007.

MARX, Karl. Manuscritos econômicos-filosóficos. São Paulo: Boitempo, 2008.

_____. As lutas de classes na França. São Paulo: Boitempo, 2012. (Coleção Marx-Engels). Formato Kindle.

_____. Miséria da filosofia: resposta à filosofia da miséria, do sr. Proudhon. São Paulo: Expressão Popular, 2009.

_____. Contribuição à crítica da economia política. 2ª ed. São Paulo: Editora Expressão Popular, 2008a.

_____. Últimos escritos econômicos. São Paulo: Boitempo, 2020.

_____. Crítica da filosofia do direito de Hegel. 2ª ed. São Paulo: Boitempo, 2010d.

_____. O Capital: crítica da economia política. Livro I: o processo de produção do capital. 2ª ed. São Paulo: Boitempo, 2017.

_____. Crítica do programa de Gotha. São Paulo: Boitempo, 2012a.

_____. O 18 de brumário de Luís Bonaparte. São Paulo: Boitempo, 2011.

NEGRI, Antonio. Algumas reflexões sobre o rentismo na "grande crise" de 2007 (e seguintes). In: FUMAGALLI, Andreia; MEZADRA, Sandro (Orgs). A crise da economia global: mercados financeiros, lutas sociais e novos cenários políticos. Rio de Janeiro: Civilização Brasileira, 2011.

POSTONE, Moishe. Tempo, trabalho e dominação social: uma reinterpretação da teoria crítica de Marx. São Paulo: Boitempo, 2014.

SCHUMPETER, Joseph Alois. Capitalismo, Socialismo e Democracia. s/l, 2020. Formato Kindle.

VERCELLONE, Carlo. A crise da lei do valor e o tornar-se rentista do lucro. In: FUMAGALLI, Andreia; MEZADRA, Sandro (Orgs). A crise da economia global: mercados financeiros, lutas sociais e novos cenários políticos. Rio de Janeiro: Civilização Brasileira, 2011.

www.ingramcontent.com/pod-product-compliance
Lightning Source LLC
Chambersburg PA
CBHW031436210526
45464CB00005B/2220